我们和你们

中国和泰国的故事

李　萍／主编

五洲传播出版社

图书在版编目（ＣＩＰ）数据

中国和泰国的故事 / 李萍主编 . —北京：五洲传播出版社，2017.1
（我们和你们）
ISBN 978-7-5085-3580-7

Ⅰ . ①中… Ⅱ . ①李… Ⅲ . ①中外关系 – 友好往来 – 泰国
Ⅳ . ① D822.233.6

中国版本图书馆 CIP 数据核字（2016）第 297163 号

中国和泰国的故事

出 版 人：荆孝敏
统　　筹：付　平

主　　编：李　萍
副 主 编：付　静　张倩霞
顾　　问：Chaphiporn Kiatkachatharn（关国兴）
责任编辑：高　磊
装帧设计：北京翰墨坊广告有限公司
出版发行：五洲传播出版社
地　　址：北京市海淀区北三环中路 31 号生产力大楼 B 座 6 层
邮　　编：100088
发行电话：010-82005927，010-82007837
网　　址：www.cicc.org.cn　www.thatsbooks.com
承　　印：中煤（北京）印务有限公司
版　　次：2017 年 1 月第 1 版第 1 次印刷
开　　本：787 × 1092mm 1/16
印　　张：14.5
字　　数：220 千字
定　　价：56.00 元

序

为《中国和泰国的故事》喝彩

泰中两国是亲密的近邻，两国人民的友好往来已经有上千年的历史。自 1975 年泰中两国建交以来，两国关系始终保持健康发展。"中泰一家亲"的理念已经植根于两国人民心中。2015 年是泰中建交 40 周年。40 年来，泰中两国的传统友谊和务实合作不断深入发展，两国政治互信更加深厚，互惠合作更加扎实，人文交流更加密切。目前，泰中两国正面临难得的发展机遇，中国的"一带一路"倡议正推动泰中传统友谊和务实合作跨入新的历史发展阶段。

感谢四川省泰国研究中心与五洲传播出版社合作出版中、泰文版的《中国和泰国的故事》。该书把来自泰中双方的各界人士联系起来，通过一个个生动的"我们和你们"的故事，介绍了两国政府、商界、教育界和普通百姓间的友好交往，弘扬了泰中之间万古长青的友谊。希望今后该书还能不断更新内容，让中国和泰国的故事更精彩！

Professor Emeritus Kasem Watanachai

（卡盛·瓦塔纳差）

泰国国王陛下顾问、枢密院大臣

泰国清迈大学校董事会主席

序

四川省泰国研究中心与五洲传播出版社合作编辑出版《中国和泰国的故事》，是一个创举。它把研究者、作者和出版者有机地联系在一起，通过讲述"我们和你们"的故事，来展示中国与周边国家在漫长历史进程中的传统友谊，以及当代人民为增进传统友谊而添砖加瓦的生动故事。

说起来，中国和泰国的故事源远流长。早在 2000 多年前，中泰人民便开始了友好交往。《汉书·地理志》卷 82 载：公元 1—5 年间，汉朝使节从广西合浦乘船，经越南、柬埔寨进入暹罗湾，在斜仔登陆，步行穿过克拉地峡，然后再乘船至印度。这就是历史上有名的汉使行程，亦是中国人到达泰国地区的第一条记录。

此后，中泰两国人民的相互来往络绎不绝，绵延不断。

三国时期，公元 231—245 年之间，吴国官员朱应、康泰奉命出使中南半岛，归国后根据亲身见闻写了《扶南异物志》和《吴时外国传》，提到了当时存在于泰国中部地区的金邻国，这是有关古代泰国城邦国家最早的文字记载。二书惜已失传，但有一些片段散见于《太平御览》等类书中，被视为极其珍贵的史料。

公元 6 世纪，泰南宋卡一带出现了一个赤土国。607 年，隋炀帝派常骏、王君政出使赤土。他们从南海郡乘船出发，在海上航行一个多月后到达赤土国界，"其王遣婆罗门鸠摩罗以舶三十艘来迎，吹蠡击鼓，以乐隋使，进金缫以缆骏船"。到达王都后，赤土国王举行盛大的宴会欢迎他们。"王前设有两床，床上设草叶盘，方一丈五尺，上有黄、白、紫、赤四色之饼，牛、羊、鱼、鳖、猪、玳瑁之肉百余品，延骏升床，从者坐于地席，各以金钟置酒，女乐迭奏，礼遣甚厚"。后来，国王还命王子那邪迦随常骏回访中国，于大业六年（610年）到达弘农（今河南灵宝），受到隋炀帝的接见和封赏。

公元6—11世纪，泰国佛统存在一个堕罗钵底国，唐朝高僧玄奘在印度就听说过这个国家。义净的《南海寄归内法传》也有这个佛教国家的记载。堕罗钵底国与唐朝的交往始于贞观年间（627—649），堕罗钵底使节送来金槛、金锁、宝带、犀、象、海物等礼物。中国回赠他们马匹，因为这个国家马很少，"一国之中马不过千匹"。

公元1405—1433年，三保太监郑和七下西洋。根据可靠记载，郑和船队起码有两次到达暹罗，每次率领的人数都在2万以上。也就是说，有4万多人次访问过暹罗。

根据《明实录》的统计，在明朝存在的270多年内，共遣使暹罗19次，暹罗使节来华110次。为了适应中泰之间日益频繁的交往，明政府于永乐年间（1403—1424）设四夷馆，其中的暹罗馆用暹罗贡使做教员，正式教授泰语，培养泰语翻译。这是中泰双语教学之滥觞。

清朝康熙年间（1661—1722），康熙皇帝听暹罗贡使说"其地米甚饶裕，价钱亦贱，二三钱银即可买稻米一石"。为了解决东南沿海的粮荒，从康熙六十一年（1722年）起，清政府开放海禁，准许沿海居民到暹罗贩米，形成近代第一次华人移民暹罗的高潮。大批华人移居泰国，与当地泰人通婚，落地生根，开发泰国，成为当今泰国社会数以百万计华人的先民。

鸦片战争以后，中国沦为半封建半殖民地社会，泰国亦遭到英法殖民主义的威胁。特别是在二战期间，中泰两国人民浴血抗战，打败日本侵略者，结下了深厚的情谊。

1949年新中国成立后，由于意识形态方面的原因，中泰两国政府间的交往一度停滞。1975 年建立正常外交关系后，两国交往突飞猛进地发展。

本书收录的文章，正是反映了中泰建交以后两国人民为增进传统友谊而添砖加瓦的故事。作者中有两国的外交官员、商界人士、教授学者、青年学生以及观光客，他们以自己的亲身经历，以第一人称的口吻，叙述中泰之间水乳交融的感情。这些故事是真实可信的，并非杜撰，涉及层面十分广泛，包括普通民众，也涉及泰国王室。特别是青年学生，他们代表未来和希望。目前，中国在泰国的留学生约有 2 万，泰国来华留学的学生亦有 1 万余人。中泰双语教学更是蓬勃发展，方兴未艾。据不完全统计，目前泰国已有 13 所孔子学院，与泰国毗邻的云南省就有 32 所学校开设泰语课程。中泰两国既是远亲，又是近邻，历史上从未发生过战争，又无悬而未决的土地纷争。这正是中泰两国人民世世代代友好相处的坚实基础。我们相信，在推进"一带一路"的伟大战略发展目标中，中泰完全可以巩固和发展全面战略合作伙伴关系，实现互利双赢。

段立生

中山大学教授、云南大学泰国研究中心首席专家

2016 年 11 月 9 日

目 录

记忆篇

历史的回顾

柴泽民

（中国前驻泰国、美国大使）

作为中华人民共和国首任驻泰大使，我在泰国任职的时间并不长，只有两年多一点。回忆这段时间，主要经历了三个过程。

第一个过程，就是在临行前，我国领导人对我的嘱咐和嘱托。领导人叮嘱我说，你刚刚从国外回来，已经在对外友好协会工作了一段时间了。现在有个新的任务要交给你，中国和泰国建交了，你是搞友好工作的，刚好可以到泰国去工作。泰国是东南亚的一个大国，无论地理位置上、经济上还是政治上的地位都很重要。因此，我们必须把泰国的工作搞好。但是这其中还是有很多困难，新中国建立至今已经 20 余年了，一直没有与泰国建立外交关系，两国相互间的了解恐怕还不够，也可能还有一些误解。所以，你去了一定要耐心地做好泰国王室的工作、政府的工作，要使大家更加了解中国。这样，才有利于两国关系的发展。

所以，我就是本着这样的精神去泰国的。首先要做的，就是了解泰国的情况。对此，我们有个有利条件，那就是泰国为数众多的华人。虽然他们大多讲潮州话，但也懂得一些普通话。这就方便了我们双方间的交流和沟通，对一些情况可以更快、更好地了解。同时，泰国政府也想要了解中国的情况，这就更加有利于相互间的配合。我们很快对泰国的情况有了一定的了解。这是第一个阶段。

第二，当时泰国刚刚经历了两个总理，也发生了一些问题。

这也使得两国关系产生了一些摩擦和误会。那个时候，我就处于一种很尴尬的位置，得不到泰国政府的支持，处境非常困难。但是在经过一段时间之后，泰国政府有了一些变化。

到了第三个阶段，两国关系有了180度的大转变，一下子顺利地发展起来，直到现在。

下面，我想简单地回顾一下自己的工作。尽管只有短短两年左右的时间，但是在这段时间里，我所经历的事情很多。

中泰两国建交以后，发展两国关系成为我们主要的任务。这期间尽管有过一段困难时期，但是很快就过去了。在这之后，

1976年3月22日，中国首任驻泰国大使柴泽民向泰国国王普密蓬陛下递交国书。

中泰两国领导人互访频繁，两国在政治、经济、科技、文化、军事等领域的友好合作和交流全面发展，而且效果很显著。这是有目共睹的。但是，在两国建交的时候，泰方最关心的是泰国共产党所领导的一支武装游击队的问题。这个问题是在我们建交的时候泰国最为关注的问题之一，同时也是争论的焦点。不过，经过双方相互协商、友好谈判之后，这个问题也得到了基本解决，并最终达成了中泰建交协议。尽管如此，还是有一些人在这个问题上不够理解。所以，我在泰国工作期间，多次遇到这个问题。一次，日本武官举行招待会，会上，《曼谷邮报》——泰国唯一的一家外文报纸——的总编问我说：大使阁下，您愿不愿意见见最高统帅江萨先生？我回答说，我并不认识他。他说，我给你介绍。于是，他就过去把江萨最高统帅带过来介绍给我。见面之后，江萨将军第一句话就很严肃地质问我：你们中国为什么要支持泰国共产党的游击队？这个问题是过去我们在谈判时就谈过的问题，但既然他提出来了，我就答复说：是的，我们中国共产党跟泰国共产党有友好的关系，因为我们都是共产党。但是我们有个原则，我们不干涉任何国家的内政。在谈判建交的时候我们也谈到过这个问题，我们不干涉泰国的内政。因此，泰国共产党的游击队是你们的内部问题，当然，我们不会支持游击队。你们提出这个问题，恐怕是因为你们还不很了解我们中国的政策。江萨将军点点头。随后，他又提到了关于苏联的问题、越南问题、大印度支那的问题等一系列问题，我也一一给他作了解释。我还打趣说，关于苏联和越南的问题，你们比我们更清楚，我还准备向你请教呢，结果你竟先向我提出来了。他笑笑。在这些问题上，我们谈了半个多小时。

　　当时是我在泰国最困难的时期，一度连报纸也不采访我了，报上见不到我的任何消息。但这个时候，大家都围了过来，又是照相，又是记录，对最高统帅的谈话表现出很大的兴趣。我们的谈话结束后，江萨最高统帅还邀请我到他家做客。一个多星期之后，我应邀到江萨将军家做客，在座的还有当时的泰国外交部长、国防部长和内务部长。江萨对我讲：大使阁下，你把前两天我们在招待会上谈的那些问题向他们谈一谈，我到厨房去做饭，做好之后咱们再吃。他做饭的手艺很高超，所以他很愿意露一手。我说：那好。于是我就把那天我们谈的问题向三位部长作了介绍。从那之后，每隔十天半个月，我就要到江萨将军家里去做一次客，我们成为很好的朋友。不仅是他，连他的夫人、孩子，也对我们很友好。

这件事，使泰国军方了解了中国政府对泰国游击队的态度，是我很重要的经历。因为他们当时正在围攻游击队，对这个问题是非常关心的。当我将这些问题向他们讲清楚后，就首先解决了中泰军队间的一个大问题。随后，我们还考虑到这个问题仅仅军队知道还是不够的，泰国王室也应该了解，政府更应该了解。于是，我拜托一些朋友把我介绍到王宫里面去拜访，特别是有机会拜会了王太后陛下。这样，我们逐渐和泰国王室建立起了良好的关系。还有王室的一些大臣，我们会邀请他们到使馆去，或邀请他到中国来访问，也因此建立了一些友好关系。除此之外，为了使泰国民众更好地了解中国，我还找到了泰国奥林匹克委员会主席他威上将，他是负责体育工作的。我建议他邀请中国的足球队、篮球队来泰国访问。他威上将和我关系很好，所以当我提出这个建议时，他很快同意，并马上向中国国家体委发出了邀请。因为当时在泰国，羽毛球和乒乓球也是大家都喜爱的活动，所以我又找到江萨上将，请他邀请中国的乒乓球队和羽毛球队访问泰国，因为江萨上将同时也是泰国乒乓球、羽毛球协会的主席。他很快就向中方发出了邀请。

在这之后，我又考虑如何更广泛地开展工作。于是，我们又邀请了广州青少年杂技团到泰国访问。同时，我又到王宫拜会王太后陛下，准备为王宫和王太后安排一次杂技表演。王太后很高兴，对我们到王宫来表演表示了欢迎。正式演出时，王室还邀请了泰国的一些知名人士、华人领袖和王宫的大臣们到王宫里一同观赏。此外，王太后陛下还举行了一场招待会。这次活动轰动了泰国，我们也因此更好地打开了局面。

当时在泰国华人中有一种误传，说中国驻泰大使因为害怕逃跑了。大家很不安定，经常打电话到使馆来询问，非常关心中泰关系的发展。为了使普通民众消除这个误解，我当时经常坐着使馆的汽车，车头插上中国的国旗，每天在大街上来回行驶。同时，我还经常到华人集中的街区，到每一个店铺去慰问他们。这样，大家渐渐地都了解到了真实的情况，情绪也就慢慢安定下来。

早期，我们是不能到泰国政府机关去的。后来，江萨最高统帅担任了泰国总理，他首先邀请我们到政府去。这样一来，各部部长也纷纷开始邀请我们，对我们的来访表示欢迎。这个改变在当时对中泰关系的发展影响很大。特别是在 1978 年 3 月，我们邀请江萨总理访华，随行的还有十余名主要的内阁成员。这是克立·巴莫总理签署建交公报之后，泰国的第四任总理首次访问中国，在中泰关系史上也是有很大影响的事件。

紧接着，1978 年 11 月，邓小平副总理访问泰国。这一来一往，就将中泰关系过去的乌云一扫而光，使两国关系取得了很有意义的转变，为今后关系的发展奠定了良好的基础。所以，从我讲过的这几个阶段，一直到现在，两国关系都是很好地发展下来。在我到美国任职之后，炳·廷素拉暖总理和江萨总理

1998 年 5 月 22 日，时任中国国家副主席胡锦涛在北京举行仪式，欢迎泰国王储哇集拉隆功访华。（供图：中新社）

先后访问美国，都到使馆来看过我，我也分别拜会了他们。

中泰之间的关系能够发展到这样的程度，不是轻而易举的，而是经过了极大的努力才最终实现的。尽管政府和广大人民都希望两国发展友好的关系，但是种种的误解和其他原因造成了一些隔阂。现在，这些问题已经得到了完全解决，两国的关系越来越好。我相信，在我们共同努力下，两国关系会更进一步，走上一个新的台阶。

中泰乒乓外交纪实

程瑞声

（中国前驻缅甸、印度大使）

乒乓球在球类中是最小的，然而在上世纪 70 年代的国际风云变幻中，乒乓球却成了能推动国家关系的"神球"。周总理曾有一句名言：小球转动了大球（地球）。

和中美"乒乓外交"一样，中泰两国之间的乒乓外交也打开了中泰友好往来的大门，推动两国实现了建交。

我荣幸地担任了 1973 年到泰国访问的中国乒乓球代表团的副团长。这是新中国成立后访问泰国的第一个中国代表团，在泰国引起了极大的轰动。我也成为中泰乒乓外交的"主角"之一。

至今，我还珍藏着当时泰国中英文报刊和中国报刊所登载的中国乒乓球代表团访泰和我个人在泰国活动的报道剪报，有厚厚的一大沓。难怪当时有的同志称我为"程旋风"。

泰国乒乓团的特殊顾问

中国派乒乓球代表团访泰，是在泰国派乒乓球代表团参加 1972 年在北京举行的亚洲乒乓球邀请赛之后，是中方为进一步打开中泰关系大门采取的重大步骤。

1972 年 9 月初，在北京举行了亚乒赛。泰国派乒乓球代表团参加了这一邀请赛。该团的顾问巴实·干乍那越是位特殊人物，受泰国领导人的委托来向中方试探改善泰中关系的可能，可以说是特使了。

陪同巴实访问的常怀、常媛是兄妹，也是两位具有独特经历的人物。他们是上世纪50年代受泰国总理披汶·颂堪委托同中国秘密接触的友好人士汕·帕他努泰的儿子和女儿。汕·帕他努泰推行"人质外交"，常怀、常媛被他们送到中国来学习，有过曲折而不平凡的经历。几年前中国拍摄过一部电视剧《龙珠》，演的就是有关他们的故事。

巴实是泰籍华人，中文名许敦茂，当时已60多岁，职务为泰国全国行政委员会财政、经济、工业署副主任，对我国友好，为人老练，谈吐稳健。常怀、常媛当时只有30多岁，风华正茂。特别是常媛，容貌俏丽并十分活跃，担任翻译。

当时，我在外交部亚洲司担任东南亚处副处长，以友协理

程瑞声（左3）陪同泰国乒乓球代表团顾问巴实在南京参观中山陵。左4为常怀，左5为常媛。

事名义全程陪同他们。1972年9月1日晚8点，亚乒联在人民大会堂举行盛大招待会，欢迎各国乒乓球代表团，共100桌，我陪同巴实一行参加。这时，出现了礼宾上的一个难题——巴实不是团长，不能安排上主宾席，但如安排在泰国乒乓球代表团的桌上，桌次又太靠后。根据我们的意见，主办方为巴实、常怀、常媛单独安排了一桌（第52桌），由亚洲司司长陆维钊来陪，我们接待组也参加。

9月1日和3日，廖承志会见了巴实，双方交换了意见。3日晚，廖承志在国际俱乐部为巴实一行举行了宴会。

9月5日晚11点，周总理在人民大会堂会见巴实一行。我先期到达，向周总理汇报了有关情况。会见由常媛担任翻译。巴实表示，泰国与台湾的关系时间长久，泰国华人支持台湾的较多，而且中国支持泰共武装斗争，使泰国人不满，在此情况下与中国建交会造成泰国社会不安。泰方希望双方先开展贸易、文化、体育交往，增进相互了解和友谊。

周总理表示，各国人民的革命斗争是各国的内政，中国不输出革命；中国希望与不同社会制度的国家和平共处，不干涉别国内政。与中国建交的唯一条件是：承认中华人民共和国政府，同台湾断交。现在泰国尚不能与中国建交，我们表示理解。中方希望泰国不要参与美国侵略印度支那的战争，摆脱此事对泰国是有利的。最后，周总理托巴实向泰国国王和总理转达问候。会见到深夜12点20分结束。

不打乒乓的副团长

巴实的中国之行揭开了中泰乒乓外交的序幕。1973年5月，中国决定派乒乓球代表团于6月访问马来西亚。泰国乒乒球协会闻讯后，邀请代表团顺道访问泰国，中方同意。由于中国派贸易代表团访问过马来西亚，中马已接近建交，而乒乓球代表团是新中国成立后访泰的第一个代表团，因此对泰国的访问更加突出。

外交部本来并没有计划要派人参加代表团，但在国家体委确定由全国体总负责人、中国乒协副主席庄则栋为代表团团长后，他给外交部副部长乔冠华打电话，希望外交部能派一位熟悉东南亚情况的同志参加代表团。部领导决定派我参加，用对外友协理事的名义，担任代表团副团长。

代表团总共 18 人，除庄则栋和我外，另一位副团长由体总云南省分会负责人关泰担任。运动员分别来自国家队和云南队，著名的运动员有周兰荪、郑敏之等。

周恩来总理对代表团非常关心，亲自过问代表团成员名单。6 月 7 日，代表团出访的当天清晨，周总理又通过外交部值班同志传来了指示，要我转告全团同志，在国外如遇到难解决的问题，可以打电话到北京。周总理的亲切关怀使全团同志深受鼓舞。

我们代表团在 6 月 9 日至 16 日访问马来西亚后，于 6 月 17 日中午抵达曼谷机场。

中泰外交部官员喜相逢（上）

6 月是泰国的雨季。我们到达曼谷时，阵雨刚过，但机场上有数千群众不顾被大雨淋湿，热情地欢迎我们。泰国乒总副主席阿努上校等前来迎接。我们从机场乘车到了下榻的茵他拉饭店，门口也有上千群众聚集欢迎我们。泰国乒总主席登·宏社提上将在饭店迎接，并给我们戴上了用鲜花缀成的

花环。他风趣地说："雨在泰国表示吉祥，预兆丰收。我相信，
代表团的访问一定会获得成功。"他随即为我们举行了便宴。
次日，泰国各报都在头版显著位置报道了代表团抵达泰国的
消息。

从代表团抵达泰国开始，中泰"乒乓外交"就成为轰动一
时的新闻。虽然我参加代表团是以友协理事的名义，但无巧不
成书，泰方事先就知道我是中国外交部官员。原来那年4月，
我曾作为中国代表团团员出席了在东京召开的亚洲和远东经
济委员会会议（亚太经社会的前身）。在会场外，我同泰国代
表团成员、外交部政治司东亚处处长德·汶纳等进行过友好的
交谈。这样，东京的"走廊外交"就成了曼谷"乒乓外交"的
前奏。

泰国外交部得知我参加代表团访泰的消息后，在同我接触
方面表现得十分积极主动。德·汶纳特地到机场迎接代表团，
同我相见甚欢。泰国乒总主席在饭店举行便宴时，德·汶纳和
泰国外长秘书阿沙·杀拉信、政治司副司长素提·巴讪威尼猜
也来出席。这显然是泰方的友好表示。

就在这次宴会上，为代表团访泰担任中间人的泰国乒总财务叶祥龙向我提出，泰国副外长差猜（原译"差提猜"）想见我，不知我是否同意。我表示，我此行主要是协助代表团工作，愿意同差猜副外长进行非正式接触，但我前往泰国外交部有所不便，希望能在外交部以外的地点会见。

6月18日，中国乒乓球代表团去参观著名的北榄鳄鱼湖，敏感的记者发现我不在场，猜测纷纭。原来，当天上午德·汶纳到饭店来找我，表示泰国外交部有关官员愿同我谈谈。我表示可以非正式接触。德·汶纳随即约阿沙·沙拉信和素提来饭店，在泰方预订好的一间房间内共进午餐。这是一次友好的"工作午餐"，也是中泰两国外交部官员的第一次非正式会晤。

这次午餐从中午12点一直持续到下午3点，双方无拘束地就中泰关系和东南亚形势等问题交换了意见。泰方表示，泰中人民有着传统的友谊，泰国愿意同中国进一步改善关系。我谈到，过去中泰关系长期中断，同当时的国际和亚洲形势有关，现在形势已有了很大的变化，希望中泰双方抓住当前有利的时机，开展往来，逐步改善关系。我还阐明，中国根据和平共处

中国乒乓球代表团团长庄则栋（右2）、副团长程瑞声（左3）和泰国卫生部长巴硕（右3）等在宴会上。

泰国副外长差猜（左）、卫生部长巴硕（右）与程瑞声在宴会上。

五项原则，主张各国的事务由各国人民自己处理，不干涉其他国家的内政。在谈到东南亚形势时，我表示中泰双方存在一些分歧，但双方可以求同存异，不让这些分歧影响两国关系的改善。这次谈话一直在诚挚友好的气氛中进行。

当天晚上，泰国农业合作部部长、奥林匹克委员会副主席他威·尊拉塞上将为我们代表团举行了正式欢迎宴会。据泰方说，这一宴会本来决定由泰国奥委会主席、副总理巴博·乍鲁沙天亲自主持，但因巴博当晚要参加庆祝他晋升元帅的宴会，所以改由他威副主席主持，差猜副外长也来参加。这是我第一次见到差猜这位军人出身的外交家。他既有军人的热情豪爽，又有外交家的机智风趣，待人诚恳，我们谈得很融洽。我估计，叶祥龙已将我愿意同他进行非正式接触的谈话转告了，他才来亮相的。除差猜外，出席宴会的还有泰国教育部副部长汶森·登·宏社提上将及中华总商会主席黄作明等。宴会上，除由一些美丽的姑娘演出泰国民间歌舞外，最后宾主又共跳泰国的"喃旺舞"。他威还赠送了代表团一只船的模型。

中泰外交部官员喜相逢（下）

　　6月19日上午，泰国副总理、奥委会主席巴博·乍鲁沙天在其官邸会见了代表团。除登·宏社提外，泰国外交部官员素提、德·汶纳也来参加。巴博和全团照相后，大家站着交谈了约半小时。巴博表示热烈欢迎中国乒乓球代表团访问泰国，希望泰中两国有机会进行其他种类的体育交流，并托代表团转达对周总理的问候。庄则栋也转达了周恩来总理对他的问候。巴博还说，他现在年事已高，也没有时间运动。庄则栋建议他每天早晨打太极拳。这次会见时间不长，但气氛友好。最后，巴博将一个大的木制雕象赠给了代表团，一个小的赠给了庄则栋。

　　6月21日晚，差猜副外长在他的私邸宴请了我，泰方阿沙、素提、德·汶纳也来参加。我们先参观了差猜的住宅，然后共进晚餐。那天吃的是中国饭，边吃边谈，气氛友好。晚餐后，差猜的夫人也出来坐了一会儿。我同差猜除就中泰关系交换意见外，还表示欢迎他有机会到中国访问。宴会快结束时，外面已有记者等候。差猜提出泰方将发表一篇短消息，我表示没有意见。

　　6月22日，泰国报纸刊载了泰国外交部新闻司就差猜同我会见发布的新闻公报。公报表示，差猜和程瑞声"曾就有关各项问题交换意见，有利于未来加强泰国与中华人民共和国之友好关系"，"双方之非正式会谈，进展非常顺利，并获得重大成果，气氛融洽"。同日，曼谷《星暹日报》报道称，差猜向记者表示：会谈非常成功，感到非常满意，强调双方是在亲切诚恳的气氛中谈话的。

　　中泰两国乒乓球运动员在曼谷举行的两场友谊比赛，使访问达到了高潮。曼谷的吉滴卡宗体育馆虽然有10000个座位，但由于前来观看比赛的人太多，不得不在比赛场地周围增设大量座位。每场比赛的观众达到了15000多人。观众中有一些白发苍苍的老人，并非球迷，他们是特地来看看中国朋友的风采。每次比赛结束后，许多观众还不愿离开，等候在出口处，热情地同我们打招呼。离开曼谷的前一天晚上，泰国运动员主动到我们运动员的房间聚会，畅谈到深夜。据泰国报纸报道，由于中国代表团的访问，泰国民众对乒乓球这项运动也产生了很大的兴趣，体育用品商店的乒乓球拍和乒乓球成了畅销的热门货。

在曼谷，我们参观了王宫。迎接我们的是德·汶纳的父亲，他负责王宫的管理工作。王宫十分华丽宏伟，现仍用于各国使节呈递国书、泰国政府举行国宴等。我们还到曼谷附近的大城故都游览。此外，我们还游览了挽蒲古城、玫瑰公园等。

泰方对我们的接待十分热情友好，但从某些安排看，对我们还是有些疑虑的。我们全团被安排在茵他拉饭店的第六层，除我们外，该层没有任何其他客人。我们房间的电话也被切断，打电话只能到大厅服务台去。多年后，我同泰国朋友谈及这些情况，大家都哈哈大笑。

泰方还给代表团出了一道难题——希望我们在离开泰国前举行一次记者招待会。我同其他团领导经研究，认为拒绝会见记者对中国的形象不利，但见了又会遇到中泰双方存在分歧的泰共、印支战争等问题，搞不好会影响中泰的友好气氛。我们终于想出了一个办法：同意举行记者招待会，但由于我们是体育代表团，只解答体育方面的问题，并要求预先把问题交来。遵照周总理临行前的指示，我们当即将我们的意见通过国际长途电话请示国内，并获得了批准。我们据此答复了泰方。

6月24日，在离开泰国的当天上午，我们在饭店楼下举行了记者招待会。泰方除登上将外，外交部的素提、德·汶纳也来参加。会上，由一位女记者宣读提出的问题，均属于体育方面，团长庄则栋解答，进行得很顺利，约一小时结束。

代表团临行前，泰国乒总于6月22日晚在我们所住的饭店举行欢送宴会，由卫生部长巴硕出面主持，曾于1972年访华的巴实也来参加。他提前来到宴会厅，我先去同他交谈了一会儿，谈到了中泰贸易等问题。宴会上演出了歌舞，最后宾主一起跳"喃旺舞"。

6月23日晚，我团在所住饭店举行告别宴会。泰方出席的有巴硕、差猜、登上将等。在宴会上，泰方人员演唱了中泰友谊歌，我团乒乓球运动员也演唱了《小小银球传友谊》等，最后宾主共跳"喃旺舞"。宴会的气氛热烈友好。

6月24日下午3点，我们离开饭店时，饭店门口又聚集了数千群众欢送我们。在机场，登上将等又向我们献了花环。

周总理病中签署建交公报

中国乒乓球代表团访问泰国，为中泰两国进一步改善关系开辟了道路。同年12月，差猜副外长率领泰国贸易代表团访华。在22日贸促会主任王耀庭举行的宴会上，差猜情绪很高，接连喝了17杯茅台酒，并热情地提议为毛主席的健康干杯。24日，韩念龙副外长同差猜进行了会谈。

差猜访华期间，我们需要处理的最大问题是：泰方要求我们以"友谊价格"向泰国出口一批柴油。所谓"友谊价格"，就是低于国际市场的价格。这对中国外贸部门确实是一个难题。但是经请示毛主席批准，中方同意了泰方的要求。毛主席还把我们的请示报告中由李先念副总理会见差猜，改为由周总理会见。

26日，周总理、李先念副总理一起在人民大会堂会见了差猜一行。

周总理的会见和中国同意以"友谊价格"向泰方出售一批柴油，使差猜首次访华获得了重大成果，有力地推动了中泰关系的进一步发展。此后，中泰来往不断增加，两国的建交谈判也比较顺利。

1975年6月30日至7月6日，泰国总理克立·巴莫对中国进行了正式友好访问。毛主席、周总理分别会见了他。邓小平副总理与克立·巴莫举行了会谈。

差猜这时已担任外交部长，也陪同克立·巴莫访华。他以他夫人的名义送给乔冠华外长和我各一大盆兰花。那只置放兰花的白色大塑料盒上印有烫金的泰文和中文"泰国兰花"及中文的"中泰人民友谊之花"等字，至今仍是我珍贵的纪念品。

1975年7月1日，是我永远难忘的一天。那天晚上7时，周总理在医院和克立·巴莫总理签署了中泰建交联合公报。周总理签字时，双手不断地颤抖，公报文本上"周恩来"三个字不是一笔一笔写成的，而是一点点地点成的。这是周总理为人民鞠躬尽瘁的崇高精神的光辉写照。外宾离开后，周总理在参加仪式的人员中看到了我，十分高兴地向我挥手打招呼，并且说："程瑞声倒办成了几件事。"周总理语重心长，这是对我的勉励，使我非常激动。可是当时万万没有想到，这竟是我最后一次见到敬爱的周总理。

周总理的光辉形象，如巍峨的高山，如参天的劲松，永远屹立在我们的心中。

泰中建交风云小记

凌　朔

（新华社记者）

41年前的1975年7月1日，泰王国和中华人民共和国正式建立外交关系。41年来，两国关系平稳发展，经贸合作日益紧密，民间交流频繁活跃。但对于泰国这样一个曾经反共并与台湾当局关系紧密的国家而言，在那个年代，转移意识形态的压力、走到签署建交公报的台前并不是件易事。复杂环境下，风云变幻间，那些曾经为推动两国建交付出过努力的大人物、小人物的许多故事，已被湮没在尘封的记忆中。通过本小记，让我们回望一二吧。

基辛格的一顿早餐

1971年7月的一个早晨，美国驻泰国大使伦纳德·昂格尔在曼谷邀请了一批泰国外交官和学者参加一个工作早餐会。席间，这批泰国人见到了美国总统尼克松的国家安全事务助理亨利·基辛格。

那是基辛格离开中国后的第一顿早餐。7月9日至11日，基辛格完成对中国的第一次访问，返回时转道泰国。基辛格在这次秘密访问中国期间受到周恩来总理的接见，并就尼克松访华的具体日程进行了商议。但早餐会上的泰国人并不知道基辛格秘访中国一事。

基辛格转道泰国，并不是为了与泰方商议有关美中高层会晤的事情。他给那场早餐会确定的讨论主题是"如何结束越南战争"。席间，泰国社会活动家素叻·西瓦拉萨回答基辛格：
"结束越南战争的关键，是中国。"

基辛格愣住了，一言不发。

会上，一个年轻的外交官——德·汶纳记录下这一切。4年后，德·汶纳成为泰国驻华大使，后来又官升外交部次长、外交部长。

基辛格并没有在泰中建交过程中施加任何影响。但是，正是那次早餐会，让泰国得知尼克松政府正在与中国接触、美中建交出现曙光，这让二战后与美国交往甚密的泰国感觉到了国际形势、地区形势即将发生巨变，特别是，这让泰国政坛中支持泰中建交的一批人在与反共、反华势力的斗争中有了更多底气。

高压下的秘密接触

其实，泰国政府内部以及民间人士与新中国的接触自50年代后期就秘密展开。只是，由于当时泰国政府对泰国共产党采取高压手段，泰国内部的政治斗争和周边局势对泰国接触新中国构成巨大阻碍。

一位经历过那个年代的泰国专家说，共产主义思想自50年代开始在泰国学生运动中流行，到了60年代和70年代初，在一些泰国大学里甚至盛行起读毛主席语录的潮流。但是，这一切为泰国独裁政府所不容。

当时，共产党人活跃在印度支那诸国。泰国独裁政府为了阻止印度支那的共产党人在泰国内部活动，把美国引入泰国，不仅给了美国诸多特权，而且批准美国在泰国设立军事基地。越南战争中，美军轰炸机主要以泰国空军机场为基地。

在国内，泰国独裁政府明确反共路线，打压泰共的一切活动，一些与"共"字沾边的人被送进了监狱，还有一些人被扣上泰共的帽子受到牵连。甚至，独裁政府中的强硬派还禁止华人华裔学习中文，迫使与中国沾亲带故的泰国人切断与中国亲友的一切往来。

即便是在这样的高压管制下，泰国政界、新闻界、文化界还是有一些人向往了解中国，秘密接触中国。在纪念泰中建交40周年前夕，德·汶纳在接受媒体采访时回忆，早在50年代后期，就有一些资深政治家坚信，泰国政府应当改变对中国的政策，应该寻求与新中国正式建交。

这其中，有许许多多的故事，西巫拉帕算是一个。

画中情思与北京奇缘

西巫拉帕是泰国最负盛名的现代作家、翻译家、新闻工作者，是泰国新文学的奠基人，其悲剧爱情小说《一幅画的背后》曾被拍摄成电影《画中情思》享誉影坛，这一作品也常被人与张爱玲的《倾城之恋》相提并论。

但同时，西巫拉帕也是泰国知名的进步活动家，曾因反日和呼吁新闻自由两次入狱。在他的作品中，常见苏联、切·格瓦拉的影子。上世纪50年代，他曾表达过对中国文化的一些见解和渴望。1958年，他带领一批文学界和文化界人士访问中国，这在军政府统治时期算是冒险之举。

但就在访问期间，泰国发生政变，以沙立·他那叻元帅为首的政变集团推翻了他侬·吉滴卡宗上将领导的军政府，西巫拉帕率领的整个文化代表团成员几乎都被扣上了"亲共"的帽子，随后被缺席审判。代表团中一些人返回泰国后受到迫害，西巫拉帕则留在了中国，直至 1974 年去世，葬在八宝山。

西巫拉帕流亡中国期间，受到中国方面的礼遇和优待。1962 年国庆，在天安门城楼上，西巫拉帕受到毛泽东主席的接见。毛主席说："我听大家说你是泰国的鲁迅。"1974 年，在西巫拉帕的葬礼上，周恩来总理还敬献了花圈。

万隆会后的秘密通道

除了民间接触，在尚未建交的那个年代，泰国政界也有不少人为推动泰中建交付出了努力，有人甚至把自己的亲骨肉送到中国以示诚意。这在当时的泰国是巨大的政治冒险。这个人叫讪·帕他努泰。

讪·帕他努泰是泰国知名报人，曾在多家主流政治报社担任主笔、主编。在 1948—1957 年的披汶颂堪政府中，讪·帕他努泰担任总理顾问。他原是泰国核心的反共人士，曾帮政府出谋划策采取反共举措。1954 年，讪·帕他努泰在日内瓦参加一个国际会议期间，偶然看见了当地报纸上的周恩来照片。他发现周总理的儒雅风度完全不同于美国宣传的残暴形象，因而萌生了接触中国、了解中国的想法。

次年，万隆会议召开，泰国不是成员。但讪·帕他努泰谏言披汶颂堪总理，泰国应派代表参加，从侧面打探中国的情况。披汶颂堪随后派外长万·瓦塔那功亲王前往印尼旁听。会议期间，周总理听闻泰国有人来，立即安排晚宴，邀请万·瓦塔那功，讲述中国外交政策和和平共处五项原则。这一席话，让亲王对周恩来充满敬佩，对新中国充满好奇。

万·瓦塔那功返回泰国后即请见总理披汶颂堪，转达了周总理的表态。很快，披汶颂堪和万·瓦塔那功一致同意启动特

1955 年 4 月，在印度尼西亚万隆召开的亚非国家会议期间，中国国务院总理周恩来会晤泰国外交部长那拉底（万·瓦塔那功）亲王。

殊渠道，秘密接触中国，建立互信关系。联络中方的大小事宜则由讪·帕他努泰一人负责。

小说里的真实历史

讪·帕他努泰起初尝试经由缅甸与中国接触，但受到美国的强力阻挠。当时的泰国与美国走得很近，美国在泰国接触中国一事上持反对态度。在多种政治沟通渠道均被堵死的情况下，讪·帕他努泰想到了类似"和亲"的一招：派自己的儿女前往中国。

曾有人认为，讪·帕他努泰把儿女送到中国实际上是"以人质换信任"，但这种说法并不准确。有泰国历史学家考证，起初周总理并不同意泰国以这种方式与中国交往，但在讪·帕

1972 年 9 月 5 日，周恩来总理会见泰国乒乓球代表团顾问巴实（左 3）。右 3 为常怀，右 4 为常媛。

他努泰的坚持下，周总理同意以学习的名义接收、照顾两个孩子。

最终，在周总理的批准下，1956 年，汕·帕他努泰派人把自己 11 岁的儿子和 7 岁的女儿经由缅甸秘密送到了北京。周总理把他们安排在了京城里的一个四合院住下，并委托廖承志负责他们的饮食起居和学习生活。何香凝女士还为这对兄妹取了中文名：常怀和常媛。

两个小孩子的童年时代，就这样，在一段特殊的政治背景中，从曼谷迁居到了北京。在旅居中国的日子里，他们亲切地管廖承志叫"廖爸爸"，管周总理叫"周伯伯"。直至"文化大革命"，常怀被红卫兵遣返回泰国，而常媛则在周总理的秘密安排下前往英国使馆躲避，后来去了欧洲。

常媛在欧洲写了《龙珠》一书，记录了她和兄长在北京的生活以及那个时代围绕在泰国和中国上空的政治风云。她还给自己的两个孩子分别取名为常念周和常念廖，以纪念两位曾经照顾过她和兄长的中国长辈。虽然泰国有学者认为《龙珠》系小说或报告文学，而非回忆录，但书中脉络、人物关系、资料照片等大致反映了那段历史的真实性。

关岛主义后的快速邦交

讪·帕他努泰把一对儿女送到中国时，原想在短期内促成泰中建交，但没有想到的是，披汶颂堪政府很快被政变推翻，而他本人也因"亲华"被送入监狱，一蹲就是 7 年。在狱中，他时常收到中方通过特殊渠道给他通报的儿女平安的消息，这成了他苦闷时光的最大慰藉。

讪·帕他努泰的努力没有在短期内见效，很大程度上是因为他低估了地区局势和国际局势对泰中关系的影响力。这种外围影响力一直持续到 1969 年 7 月尼克松宣布"关岛主义"，即美国的亚洲新政策。从关岛主义中，泰国嗅察到，美国要从越南撤退了。美国一撤，意味着泰国将失去一个重要靠山，而在中南半岛上四起的共产主义运动，将成为泰国独裁政府最大的敌人。因此，泰国高层认为，有必要与中国建立官方联系，寻求建交。

1970 年至 1971 年，泰国频繁通过南斯拉夫、瑞典、法国等第三方接触中国。1971 年 1 月 13 日，时任泰国外长塔纳·哥曼经由美国哥伦比亚广播公司发表讲话，称泰国希望和中国建立密切关系。这是泰国官方第一次公开表达建交欲望。

首任驻华大使德·汶纳回忆，在 1975 年建交前，泰国外交部大概花费了三年时间说服泰国安全部门同意与中国建交。当时，军队和安全部门最大的担忧是，建交会让泰共在泰国境内更加活跃。同时，泰国外交部高级官员至少 23 次前往中国，与中国有关部门商谈建交的细节以及建交后的相互外交政策。

1975 年 3 月，泰国成立了以政治家、文学家克立·巴莫为总理的民选文官政府，中泰关系正常化进程开始大踏步前进。在历经中泰双方许多人士多年努力之后，1975 年 7 月 1 日，周恩来总理和克立·巴莫总理在北京正式签署中泰建交联合公报，开创了两国邦交的新纪元。

在两国建交 40 周年之际，德·汶纳感慨良深。在一番积极评价之后，这位老牌外交家经由泰国媒体告诫泰国领导人：在 70 年代和 80 年代，中国非常需要泰国，但今天，泰国领导人需要好好反省，泰国是否还在中国的视线中。

他山之石，可以攻玉

——对中国借鉴泰国经济发展经验的亲身体验

侯若石

（中国现代国际关系研究院研究员）

本文所描述的与其说是关于"我们和你们"的故事，不如说是我从中泰关系正常化早期就开始关注两国经济发展的心路历程。这里讲述的事情，有些未免微不足道，有些事情似乎难以理解，还有些显得幼稚可笑。然而，这就是历史，无法改变的历史。

五年前，即 2010 年，一位泰国朋友参观上海世界博览会之后对我说：看了多个国家的展馆，最令人震撼的是中国馆展出的《清明上河图》。它充分体现了东方文化与现代文明的完美结合，说明中国已经进入现代化社会，不愧为世界经济大国。41 年前，即 1975 年，中泰建交之年，我第一次接触泰国经济，是泰国生产的尼龙袜，穿着舒适且非常结实。于是，我产生了对泰国经济的第一个疑问：为什么他们能生产如此高质量的产品？ 31 年前，即 1985 年，我到泰国进修泰语。一到泰国，面对眼前的热闹景象，我目不暇接，真的就像刘姥姥进了大观园。一下飞机，我就惊呆了。硕大的曼谷廊曼机场有几十个登机口——当时的北京首都机场只有十多个登机口。一上公路，我又惊呆了。汽车之多，让我知道了什么是车水马龙。在当时的北京，路口的红灯亮起，至多有几辆汽车等待，北京人不知道什么叫堵车。第二天，我去购买日用品。一进商场，我再次惊呆了。琳琅满目的商品让我看得眼花缭乱。当时，中国刚刚开始改革开放，仍处于计划经济时代。作为经济学者，我开始

1985 年，侯若石（左）在泰国商会大学交流。

思考：泰国经济为什么这么繁荣？中国经济应该向何处去？

　　40 年，在人类历史长河中只是短暂的一瞬间，但对于国家经济发展过程来说，算得上是比较长的时期了。40 年的沧桑，回答我思考的问题是足够了。

感受泰国经济繁荣

　　第一次在泰国购物，看见商场里的商品十分丰富，我大为不解。就在这个时候，商场的扩音器里突然说道："现在是黄金时间。"只见距售货柜台稍远的人纷纷奔了过去。陪我逛商场的黄先生告诉我，在"黄金时间"，商品打折出售，只有短短几分钟，过了这个村儿就没这个店儿。我马上选了一双意大利皮鞋，价格只相当于原价的十分之一。我刚付完款，扩音器里宣布黄金时间结束。我问黄先生，为什么黄金时间这么短，而且也不事先通知一下？他说，这是商场的促销手段，商品价格最低可达到一折。何时为黄金时间，并不固定。顾客有碰运气的心理，于是常来商店逛逛，希望能赶上黄金时间。顾客多了，商店的人气旺，销售量就会增加。当时的中国，大部分商品供不应求，商店不必担心商品卖不出去，"皇帝女儿不愁嫁"，促销是多余的。两相对比，我初步感受到泰国经济的繁荣，但心里不免生疑：这繁荣从何而来？

从商场出来，我去了黄先生开的汽车修理厂。厂子不大，但等待修理的汽车不少。看到各种各样的西方品牌汽车，我问他，这都是泰国制造的吗？他说，我们使用的汽车，有的是用进口的零部件组装的，有的是整车进口的。联想到在商场所见，许多日用品也都是西方国家品牌，我困惑了。当时，中国市场几乎看不见国外商品，当然，也没有泰国产品。一个老同学送我的泰国生产的尼龙袜，已经是稀罕之物了。与中国相比，难道泰国有花不完的外汇进口国外产品吗？

我的另一位泰国朋友邹先生是做汽车零配件生意的。我们第一次见面是在中国，当时，我还没去过泰国。他向我介绍，

侯若石在泰国商会大学交流。

自己的企业专门生产汽车的塑胶零部件。我听了他的介绍，只觉得云里雾里，不明白咋回事。到泰国实地参观他的工厂之后，我对泰国经济繁荣从何而来的疑问有了答案。他生产的产品可谓种类齐全，包括多个世界名牌汽车上使用的几乎所有塑胶零部件。与他合作的一家丹麦企业提供资金、技术和设备，塑胶材料是从韩国和日本进口的，工人都是工厂周边农村的村民，产品销往世界各国。邹先生工厂的生产模式是不是就是泰国经济繁荣的缩影？出口是不是创造出进口所需的外汇？

　　带着问题，我请教了杨先生，他是泰国盘谷银行研究部的研究员。我把他给我的论述泰国经济发展的研究报告带回住处研读，脑子中关于泰国经济何以繁荣的思想渐渐清晰起来：泰国利用本国的劳动力优势，通过引进外资和技术，实现了制成品出口带动的工业化。总之，他们的工业化是开放式的，外汇收入相当可观。当时，中国刚刚开始实行改革开放政策，对如何以引进外资推动制成品出口的具体做法并不十分清楚。

借鉴泰国经济发展经验

1986 年，我从泰国回到中国。此行收获颇丰，行李箱里装了不少泰国经济发展经验的资料，也带回了对泰国经济繁荣的切身体验。回国后不久，我陪同泰国经济学家代表团访问中国。他们考察了中国改革开放的初步成果，并与中国政府高级官员交流了经济发展经验。

当时，深圳经济特区刚刚成立，如何发展尚在摸索之中，基础设施落后成为经济发展的绊脚石。从广州到深圳的交通极为不便，只有一条两车道的公路。为了避开道路拥堵，我们清晨从广州出发，到东莞吃早餐。餐厅就在广深公路路旁，公路两边都是农田，水稻郁郁葱葱，荔枝树结满了果实。那时的东莞还只是一个县城。我脑子里浮现出邹先生工厂所在的曼谷郊区的工业园，不禁扪心自问：中国何时才能有这样的工业园？席间，中国地方政府官员对改革开放的热情极大感染了泰国经济学家。东莞的领导问得最多的问题是如何吸引外资，提出的最殷切的希望是请代表团帮助引进泰国企业。泰国经济学家谈得最多的建议是加强基础设施建设。

一路颠簸，直到傍晚才到达深圳。这座城市刚刚从一个小渔村蜕变而生，到处都是建筑工地。如今的闹市区——华强北路还是一个工厂区，是三洋电子公司的生产基地。深圳的规模充其量也就是一个小城市，如何发展，还在规划中。对于城市的发展前景，市领导想得更为深远，他们提出的核心问题是如何创造良好的投资环境。一位泰国银行家特别谈到发展金融业的意义，他说，健康的金融市场是创造良好投资环境的必要条件。针对中国正在兴起的股票市场，他指出，资本市场不但方便企业融资，还能促进和完善公司治理。当时，绝大多数中国人不知股票是何物，不敢购买股票，于是有了深圳政府官员被动员参与股市的故事。

在中国最大的城市上海，我陪泰国经济学家逛南京路。在挤满商店的人群中，他们看到人们排起长队购物，见识了中国作为世界人口大国的事实，由此引发了一场关于中国经济发展优势的讨论。一位经济学家说，人口众多的中国有着巨大的消费市场，企业不愁产品销路，依靠内需，中国经济就能高速增长。然而，代表团多数成员认为，人口多的好处是劳动力成本低，出口工业制成品具有竞争力，中国应该实行促进出口的经济发展战略。泰国的成功经验是利用廉价劳动力生产劳动密集型产品，推动了经济增长。这正是我在泰国所见所闻得出的结论，邹先生的汽车零配件生产企业就是实行出口战略的典型。

在北京，代表团会见了中国国家经济体制改革委员会的官员。在交流中，泰国经济学家介绍了鼓励制成品出口和积极引进外国直接投资的有关政策。根据讨论结果，国家体改委撰写了介绍泰国经济发展经验的研究报告，特别强调了对外开放的战略意义。这份报告得到中国高层领导的肯定，成为中国借鉴外国经济发展经验实施对外开放政策的重要参考之一。

面对危机，不能以邻为壑

1996年春天，欧盟和东亚的国家领导人齐集曼谷，参加第一次亚欧会议，讨论跨地区经济合作问题。东亚经济的发展，特别是中国经济高速增长，引起欧盟国家极大关注。与会者一致认为，东亚推行出口带动增长战略成功促进了经济繁荣，增加了跨地区经济合作的机会。会议充满了对东亚经济前景的乐观情绪，进一步扩大开放成为这次会议的主旋律。

我随同中央电视台《焦点访谈》节目组参加了会议，有机会再次与泰国老朋友相见，目睹曼谷的繁荣景象：交通要道更加拥堵，路边高楼林立。站在高处望去，与欧美大都市没什么两样。看来，泰国经济又进步了。在曼谷香格里拉饭店，我给邹先生看了《焦点访谈》对我的采访的录像。他直爽地说，你对泰国经济发展前景的看法过于乐观。我听了大吃一惊，他的话与我对泰国经济的观察似乎不一致。我不禁问他，难道出了什么问题吗？

他说：近来，我的出口订单减少，为了维持企业生产，不得不增加银行贷款。我的生意伙伴都遇到这样的问题。更糟糕的是，为了赚钱，越来越多的工业企业家改行搞房地产生意。他们大把大把地从银行借钱，兴建的楼宇的空置率也越来越高。他提出疑问：银行为什么这么有钱？我见到盘谷银行的杨先生后，邹先生的疑问有了答案：1992 年，泰国开放了资本市场，外国资金可以自由流入和流出，金融市场上的资金便多了起来。这究竟是好事还是坏事？

一年多之后，即 1997 年夏天，这个问题明朗起来。我得知泰铢大幅度贬值，泰国发生金融危机，才如梦初醒，邹先生一年前的忧虑是有道理的。这场危机来势凶猛，很快就波及其他东亚国家和地区。

东亚金融危机是中国改革开放以来遭遇的第一次外部经济冲击，应对危机成为中国经济决策者的当务之急。中国政府当即表示，赞赏东亚国家和地区解决金融危机的措施，支持危机发生国家的出口增长，中国将力保经济增长速度不低于 8%，以增加从泰国等相关国家的进口。东亚发展中国家的合作对度过危机至关重要，各国之间的宏观经济协调是重中之重。中国的承诺增强了各国齐心协力克服危机的信心。

　　1998年，东亚金融危机对中国经济的不利影响开始显现。我再次去泰国，为的是了解金融危机后的经济情况。见到邹先生，他消瘦了，但精神面貌不错。他对我说，面对金融危机，不能沮丧，而要振作；不能退缩，只能拼搏。作为泰国从事出口业的企业家，为国分忧，他在努力增加出口。我问他有

1986年，侯若石在泰国大皇宫留影。

什么好办法，他告诉我，只有降低生产成本，才能降低出口价格，从而增强出口竞争力。我在他的工厂看到，生产车间的操作工人大大减少，自动化机器大大增加。这些机器不但节省劳动力，还改进了产品质量，提高了生产效率。不过，他承认，消除金融危机的危害还有许多困难，还有一些未知的风险。他说，中国经济很稳定，泰国增加对华出口是解决危机的一个办法，

回到中国，我参加了时任外贸部长吴仪主持的专家座谈会，讨论东亚金融危机的影响和对策。访问泰国的见闻告诉我，包括中国在内的东亚国家和地区都以出口带动经济增长，避免相互恶性竞争是缓解和走出危机的关键。鉴于出口对保持经济增长的重要作用，中国不能不增加出口。在座谈会上，有人提出人民币贬值能够促进出口。多数人认为，如果人民币贬值，泰国等危机发生国的出口将面临竞争压力，会像多米诺骨牌一样，引起这些国家的汇率连续贬值。我谈了泰国见闻，提出发生金融危机的国家解决危机最有效的办法是通过出口增加外汇收入。如果我们挤压他们的出口市场，无异于落井下石。为了避免金融危机陷入恶性循环，中国绝不能采取以邻为壑的政策。一方面，中国坚持稳定人民币汇率；另一方面，增加从东亚国家和地区进口。中国的做法对泰国等国家和地区走出金融危机、恢复经济增长起了应有的作用。

中国经济今非昔比，泰国经验仍有可借鉴之处

2008 年，邹先生为观看奥运会来到北京。他一出机场就对我说，真没想到北京机场有这么好的航站楼，飞机跑道多达

4 条。他对北京的美味佳肴格外感兴趣。30 多年前来北京旅游，他对北京的餐馆设施陈旧和卫生条件较差不太满意，更让人头疼的是，为吃上一顿饭要等候一两个小时。此次来京，让他意外的是，北京餐馆的设施和服务大为改观。我问他，与曼谷比，谁更好一些？他回答，北京好多了。坐上京沪高铁，他感叹道，泰国何时能有这么方便快捷的高速铁路？！显然，中国已经不是 30 年前的中国了。

20 世纪 80 年代，当泰国进入中等收入国家行列时，中国还是一个低收入国家。30 多年以前，我在泰国体验经济繁荣，感觉很新鲜，而这样的景象目前在中国已经是司空见惯了。1983 年，中国的国民总收入只有 2276 亿美元；2012 年，已经高达 77457 亿美元，增加 30 多倍。同期，泰国的国民总收入从 383 亿美元增加到 3504 亿美元，增长了 8 倍。中国的人均国民收入从 1980 年的 311 美元增加到 2013 年的 6070 美元；同期，泰国从 711 美元增加到 6097 美元。现在，中泰两国都跻身于中上等收入国家行列。

回想当年，中泰两国官员和学者一致认为，出口促进战略是一个国家经济增长的有效手段，中泰两国以卓越的经济增长业绩证明了他们的远见卓识。在出口带动战略方面，泰国先行一步，中国后来居上，通过出口增强了工业化基础。20 世纪 50 年代，在泰国和中国的产业结构中，农业是第一大产业。到 2013 年，中国的制造业对经济增长的贡献率达到近 50%，泰国达到 47%。中国和泰国的人均制造业产值都达到 1000 美元以上。两国的制造业正在向技术密集型产业发展，中高技术制造业产值比重都达到 40% 以上，两国都已成为中高端电子产品的生产大国。

中国已经跻身世界经济大国之列，完全实现四个现代化指日可待。不过，中国仍然要虚心向泰国学习。20 世纪 80 年代以来，泰国的基尼系数持续下降，而中国则持续上升。这说明，泰国的收入分配不平等程度持续减轻，而中国的收入分配不平等程度持续上升。解决收入分配不平等的根本之道是实行包容性经济增长战略，让广大民众真正享受经济发展成果，创造的财富应该更多地用于民众生活消费。在这方面，泰国也比中国做得好。过去，中国的改革开放曾经因借鉴泰国经验而受益。为全面建成小康社会，中国需要继续借鉴泰国经济发展的经验。

我在中国的故事

孙建功

（泰国前驻成都总领事）

张倩霞 译

作为一位外交官，在我 38 年的工作时间里，有 18 年的时间在国外工作，这其中有七年的时间是在中国。由于我在中国工作的两次时间相差了近 20 年，使我目睹了中国快速向前的发展，正如中国谚语所说的"翻天覆地"。中国古话说，"千里之行，始于足下"，接下来，我请大家跟随我回到从前，一起来看看我所了解的中国。

"中泰一家亲"

1955 年 12 月 21 日，"地下"外交团团长加努纳·昆拉塞舅舅、阿里·披隆姆先生（他们两位是布雷·披本宋卡姆将军的顾问的代表），以及成员武里喃府议员萨应·玛朗古洛先生、黎逸府议员庵蓬·素万奔先生在北京中南海与毛泽东主席和周恩来总理的合影，可以称作历史性的合影。但在那个时候，这也被认为是最为秘密的事情。因为他们是非正式的外交团队，当时，泰国尚未承认中华人民共和国，两国间没有外交关系。后来，1958 年，沙立·他那叻将军发动政变，治安警察以联络共产党为由，将加努纳舅舅逮捕并关押在位于今天暹罗广场的警察总署。这是没有经过任何公平的司法程序的监禁。那时候，我年仅 4 岁，便跟随父母去探视舅舅。

泰国暹罗出版社 2002 年出版了《遇见印度》一书，该书由耀哈姆·那创作、加努纳·昆拉塞（中文名：许金峰）翻译。这本书前言部分第9—10页写道："在拉要监狱的七八年时间里，加努纳和我在一个牢房。我们患难与共，各自都在思考着不能让时间白白流逝，监狱应该成为我们学习知识、创造对社会有益事物的最好的大学……"（事实上，牙科军医昂斯佳·坤拉查上校告诉我，舅舅被关押了9年）

我童年时生活在外公外婆位于斋堂巷37号的家。这是一个有不少泰国华裔居住的地区，常常能听到从广播里传来的中国歌曲。斋堂是吃斋的人从事活动的地方。当要去十龙军路（英文称为New Road，因为这是曼谷的第一条大路）附近的饭店时，我总能看到一个中国人的照片和九世皇照片挂在一起，后来我才知道那是孙中山先生，他是1911年辛亥革命之后中国的首任总统，是广大海外华人敬重的人。

1975年7月1日，在克立·巴莫亲王担任泰国总理期间，泰中两国建立正式外交关系。建交41年来，两国关系得到了巨大的发展，各层次的互访与交流不断，各方面的合作日益密切，以至于我们说"泰中关系是不同社会制度国家关系的典范"。我想起了中国的谚语——"饮水思源"，如果没有"地下"外交团，会有正式的"地上"外交团吗？如果克立·巴莫亲王在20年前做了同样的事情，特别是与毛泽东主席合影，那当他回到泰国的时候，他的命运不会与加努纳·昆拉塞舅舅有多大的不同，恐怕也只能品尝"监狱是最好的大学"的滋味。

我在北京的四年（1986—1990）

泰王国驻华大使馆位于北京光华路40号，大使馆和大使官邸位于同一区域。我在的那个时期，连接大使馆与大使官邸的是办公室。也就是说，大使打开一扇门就可以回到家，打开另一扇门就可以进入工作人员的办公室，还包括位于底楼的商务顾问办公室。那时候，中国还实行一周六天工作制，周六也要上班，但大使馆周六只上半天班。

我和妻子住在离友谊商店不远的齐家园外交公寓，那里购物十分方便。这个家也是我的女儿第一次看到世界的地方。1988年1月12日，我女儿出生在位于朝阳区三环路附近的中日友好医院。那时候，这家医院感觉有点远，到了晚上，路上静悄悄的，不像今天这么热闹。

我喜欢在夏天的时候像中国人一样骑自行车，还买了一个竹编的儿童座椅安装在自行车的后座上，这样无论去哪里都可以带上我的女儿。此外，自行车还需要一块红色的小长方形号牌挂在座位下方。我喜欢沿着胡同骑自行车，胡同是比较窄的路，两旁是中式四合院。记得有一次，我骑着自行车带女儿到天安门广场附近的长安街，那天微风习习，十分舒适，于是，女儿开始犯困，把头靠在了我的一只手臂上。我不得不把车停在路边，坐下来抱着熟睡的女儿。过往的人们都微笑地看着我们。那时候，中国人觉得照顾和关心孩子是每个人的责任，哪怕不是自己的孩子也要照顾。我抱着孩子的时候，还被路过的人批评过，说给孩子穿的衣服太少了，不暖和，等等。那时，孩子们的衣服有一种款式叫"开裆裤"，就是有意将孩子的裤子臀部位置留个洞，这样当孩子要"回报大自然"的时候，蹲下去比较方便。另外，常常可以看见孩子们冬天的衣服比自己的身材大很多，可以穿好几年，过几年孩子长大了就可以穿着刚好合适了，这叫作"为长大而准备的衣服"，体现了中国人的节俭。

那时，在北京的东盟成员国的大使馆除了泰国之外，还有马来西亚和菲律宾，但还没有在1990年才与中国恢复外交关系的印度尼西亚，以及东盟国家中最后与中国建立外交关系的新加坡（那时东盟只有五个成员国）。1991年，东盟成员国的大使馆终于在北京聚齐。其实，新加坡的办事处在这之前就已经设立了，只是没有被称为大使馆而已。现在，东盟包括了东南亚地区的十个国家。2016年是中国与东盟建立正式关系的第25个年头，9月还在老挝万象举行了纪念仪式。

在离开北京之前，我赶上一项重要的活动，就是1990年12月在北京举办的第11届亚运会。20年后，亚运会第二次在中国举办，是2010年在广州。可以看出，中国各个城市的发展已处于较高水平，并非一定要在首都才能举办大型活动。2010年还有另外一场重要活动在上海举办，即以"城市，让生活更美好"为主题的上海世界博览会。我在成都工作期间，北京于2008年举办了夏季奥林匹克运动会。2022年，北京还将举办冬季奥林匹克运动会。这将使北京成为有史以来第一个在两个季节都举办过奥林匹克运动会的城市。

我在成都的三年（2009—2012）

李白有诗句"蜀道难，难于上青天"，描写了过去进入四川的艰辛。如果真是那样，我就应该算到了天堂。四川省素有"天府之国""三国圣地"的美誉，有著名的武侯祠。

"多难兴邦"，2008年5月12日，四川遭遇了特大地震灾害。全省21个市州被波及（只有攀枝花市没有受到影响，因为该市位于四川南部，离震中汶川较远），当时预计损失7717亿元，有1500万人需要转移、530万户家庭失去住所，需要 2 万名军人、3.6 万名医生及护士立即前往灾区。整个中国被动员起来参与灾区救助，许多国家也纷纷伸出援手。泰国王室、政府及人民都参与了对四川灾区的救助工作。诗琳通公主在震后第一时间及恢复重建时期都向灾区捐赠了帐篷、食物及生活必需品，她还出资重建了受灾的绵阳先锋路小学（重建后的小学被命名为诗琳通公主小学）。四川震区得到了 140 多个国家的救助，为了运输食物、棉被、衣物、帐篷以及救援设备，共有 400 多架次外国飞机降落在成都双流机场。最终，据估计有 11 个县受损十分严重，51 个县受损较为严重。在失去住所的 530 万户家庭中，房屋需要修复的有 350 万户，需要重建的有 180 万户。

为此，中国中央政府和四川省政府于 2008 年 9 月制定了为期三年的恢复重建计划，共有 29000 个重建项目。据 2010 年 9 月的评估结果显示，新建医院、学校和住房已完成 85%，建设标准高于之前的要求。到 2011 年 9 月，提前完成

孙建功（后排右 1）和家人合影

计划中的所有项目。我特别想指出的是中国 18 个省与四川 18 个县的友好帮助计划，共有 3400 个项目，涉及 772 亿元。这些非常巨大的项目，依靠"同胞相助"的办法，替代中央政府和四川省政府来执行。

在四川省和重庆市，有许多城市和景点值得介绍和推荐。请允许我介绍以下城市和景点：

九寨沟、黄龙、峨眉山，是美丽的自然景点。尤其是峨眉山，有一尊坐在四头分别有六颗牙齿的大象背上的菩萨像。

成都，被联合国教科文组织誉为"美食之都"。杜甫草堂是成都的标志，每年都会举行"人日"祭拜活动。

乐山，是世界上最大的弥勒佛坐像——乐山大佛的所在地。乐山职业技术学院护理系与泰国红十字会护理学院签订了师资交换协议，该市还与泰国巴蜀府正式签订了友好城市协议。

西昌卫星发射中心，位于凉山彝族自治州，在四川的南部。凉山彝族自治州正在与泰国北碧府商讨缔结友好城市关系。

自贡，因灯会、恐龙遗址博物馆以及井盐制造而著名。其天车制盐技术比钻井制盐技术更为高超。

康定，是康定情歌的发源地，位于四川省西部，大部分居民是羌族和藏族。

江油，在成都以北，是中国著名诗人李白的家乡。他最有名的诗是《静夜思》，被称为"千古思乡第一诗"，感动了古今无数他乡流落之人。

眉山，是诗人苏轼的老家，以生产腌菜而闻名，每年还会举办眉山腌菜节活动。

广元，是中国古代女皇武则天的家乡，有中国唯一的女儿节习俗。这里还有以一当百的剑门关。

1989 年 10 月 26 日，邓小平亲切会见泰国总理差猜·春哈旺。（供图：中新社）

结语

在北京任职期间，我有幸跟随泰国代表团拜访过我十分尊敬的政治家邓小平先生。我知道邓小平先生期待着 1997 年 7 月 1 日和 1999 年 10 月 20 日香港和澳门回国祖国的日子。但遗憾的是，邓小平先生于 1997 年 2 月 19 日去世，离他等待的重要时刻仅仅差了四个月。

1976 年毛主席逝世的那一年，中国发生了唐山大地震，人员和财产的损失十分惨重。我认为，失去像邓小平先生这样的政治家，对中国人民和世界人民来说比唐山大地震的损失严重许多倍。我在成都工作期间曾访问邓小平先生的家乡广安市，看见他的雕像树立在市广场的十字路口，提醒着这座城市的人们，一定要按照先生所设计的路线，永不停息地继续向前发展。

1978 年，邓小平先生出访新加坡和泰国。那年年底，中国政府便开始实行改革开发政策，先生心里想的事情变成了现实。尽管那时不知道"摸着石头过河"的尝试将带领大家走向何方，但中国将深圳、珠海、汕头和厦门设立为经济特区，如果取得了成功，则可以将相关经验推广到全国各地。

我的故事就讲到这里。如果文章中有有价值的地方，我想把它献给 2013 年 10 月 17 日过世的 89 岁的母亲。2013 年 10 月 22 日，母亲火化的那一天，我在发放的手册第 21 页的某一段落中写道："从母子关系中学到的知识让我受用一生。"中国古诗云："山重水复疑无路，柳暗花明又一村。"人总要有一些希望，无论你在多么黑暗的地方。如果有什么错误，我请求一个人承担。我还想起"树欲静而风不止"这句谚语，可以理解为"孩子想向父母表达孝心，但父母已经无法接受了"。母亲在我退休的前一年过世，而我当时却仍在国外工作。我想，无论来自哪个国家、说哪种语言的外交官，都有和我类似的一些经历。无论你喜欢还是不喜欢，都必须承认，这就是在国外工作的职责所在。

海啸发生的日子

张九桓

（中国前驻尼泊尔、新加坡、泰国大使）

无风起浪

2004年12月26日早晨，地处热带的曼谷，天气仍然很热。中国驻泰国大使馆的院子里，树叶子一动也不动，没有半点儿风色。我在使馆院子里散步，不一会儿就汗流浃背了。

我遇上潘广学公参，于是两人绕着主楼边走边说话。走到宿舍楼前时，突然发现游泳池无风而起浪，就像被晃荡似的，里边的水泼洒了出来。

正当我们纳闷的时候，又看见隔街斜对面一栋高层建筑的外侧楼梯上人们拼命往下奔跑，大楼前面空地上很快就聚集了一堆人。

这时，使馆宿舍楼也有馆员跑了出来，不无慌张地喊："吊灯摇晃得好厉害呀，窗户玻璃也格格作响，恐怕是发生地震了！"

我跟潘公参说，得赶紧把事情搞清楚，然后便分头行动起来。

原来，这天早晨7时58分55秒，印度洋发生了一场大地震。震中位于印度尼西亚苏门答腊岛以西160公里、水下3公里的海底，强度9.3级。地震引发浪高30米的大海啸，对印尼、马来西亚、新加坡、泰国、缅甸、斯里兰卡、马尔代夫、印度、孟加拉、巴基斯坦等国造成严重生命和财产损失。濒临印度洋的西亚北非一些国家也受到不同程度影响。

最后的统计数字表明，这次地震引发的海啸总共造成 14 个国家 29 万余人死亡，51 万人受伤。

这是继 1960 年智利 9.5 级地震、1964 年阿拉斯加 9.2 级地震之后又一次强震，是自 1900 年以来百余年间在全球范围内发生的第二大地震。

紧急救援

当得知这是一场大地震和大海啸，并且严重波及泰国南部地区以后，我马上意识到作为旅游胜地的泰南普吉地区可能滞留有大批中国人。我商党委各同志后立即启动使馆应急机制。

我与潘广学公参商量，由他带领两名助手马上乘飞机前往普吉，尽快搞清楚灾情和滞留在那里的中国人的情况。同时与驻宋卡总领事华锦洲取得联系，请他带上几个人驱车赶往普吉。由于受海啸影响，普吉机场一度关闭，潘公参等到晚上才从曼谷飞抵普吉。潘公参与华总组成使领馆前线救灾联合工作组，连夜开展工作。后来，我又让魏莉参赞等几位同志赶过去支援。使领馆在普吉的联合工作组最后增加到 14 人。

在使馆，我请领事参赞胡小兰牵头，以领事部为主负责有关中国人的救助事宜，立即开通几部热线电话，24 小时接受求助信息，提供咨询和一切必要的服务。办公室、政治处、经商处、文化处、武官处等各部门的工作也都以海啸救灾为中心展开。

很快，我们了解到约有 2000 名中国公民滞留在普吉地区，这些人或旅游或经商或探亲访友，在海啸中丢失了行李、钱包和证件。我们决定，立即在普吉和曼谷机场设立临时办公地点，现场为滞留公民补发证件，联系航班，组织他们迅速有序撤离灾区。所有滞留的中国公民（包括港澳台同胞）两天内全部脱离险境，有的直接回国，有的撤到了安全地区。

一个40多人的浙江旅游团在普吉岛附近的一个小岛被海水围困，我们及时与泰国旅游警察取得联系，泰警冒着余震的危险将他们及时解救了出来。

使馆接到香港特别行政区通知，香港民主党负责人李永达夫妇在普吉旅游失联，要求使馆协助查找。我前方工作组立即组织力量彻夜对普吉岛的旅店、商场等公共场所进行地毯式的排查，终于在一个临时作为灾民安置场所的电影院里找到了他们。当时他们正席地而卧，显得疲惫而无奈。潘广学公参转达了特区政府对他们的慰问，并表示愿为他们及时返港提供一切必要协助。夫妇俩显得既惊讶又激动，说你们这是大海捞针呀，居然能找到我们！并一再表示感谢。后来我们得知，李永达原本计划2005年元旦在香港组织一次针对特区政府的示威游行，后因此而改作为地震海啸灾区募捐的慈善活动。

使领馆经反复查证后确认，有15名中国公民在这次海啸中遇难，其中大陆3人、港澳台12人，另有24人受伤。我们及时通知家属前来处理善后，并以周到和细致的工作尽量减轻家属的悲伤，未留下后遗问题。伤员则被及时送往医院救治，短时间内得以康复。

在及时有效地救助中国公民的同时，我们开展了一场救灾外交。在那些日子里，救灾工作成了我的主要日程。

海啸发生的当天，我即与泰国外长素拉杰通电话，了解泰国蒙受的灾情，表示中方愿积极提供必要的帮助。他对我们的关心表示感谢，并很快告诉我：泰国南部普吉、攀牙、甲米等濒临印度洋府治受到海啸的严重冲击，5000多人遇难，其中约一半为泰国人，一半为外国人。大量民房和旅游设施遭到毁坏，财产损失惨重。希望中方在医疗、尸体辨认、灾民临时安置及灾后重建等方面提供帮助。我随即向外交部报告了上述情况，国内对泰方的要求十分重视，很快作出积极安排。

从12月27日起，我每天接受泰国和国际媒体采访，表示中国政府和人民高度关注印度洋大海啸给沿岸国家造成的巨大冲击，深切同情和关心包括泰国在内的灾区人民蒙受的损失，积极提供及时有效的救助；同时通过中央电视台、新华社等媒体，向国内及时介绍滞留灾区的中国同胞的救助情况。

28日，我往见泰国外长素拉杰，转交中国政府向泰国政府提供的用于海啸救灾的30万美元援款。素拉杰说：这是泰方收到的第一笔外国援款，我们看得很重，真正从心里感激。

29日，中国第一批救灾物资运抵曼谷国际机场。我和商务参赞宣国兴前往机场，同泰国政府的代表办理交接手续。同日，我前往大皇宫签字，吊唁在海啸中不幸遇难的大公主的儿子坤鹏。同时，我通过媒体对海啸中所有的遇难者表示哀悼。

30日，我前往曼谷医院等多家医院，看望在海啸中受伤的人员，包括我公民和港澳台同胞，向他们表示慰问并提供必要帮助。

31日凌晨，我前往机场迎接中国科学院DNA检测专家组、上海医疗队和广州医疗队。同日，我向泰国外长素拉杰通报，中国驻泰国使馆全体馆员个人为灾区捐款50万铢。

2005年元旦及其后的几天里，我来到海啸灾区，与泰方接洽并组织协调救灾工作。

1月19日，我驻泰使馆与泰国中华总商会等社团联合举办赈灾义演，筹得217万铢，捐献给泰国政府用于灾民安置和灾区重建。

在这次救灾当中，中国应邀向泰国派出了由一批志愿者组成的医疗队、DNA 检测组和打捞队。中国政府紧急运送价值 90 万美元的救灾物资，并提供部分援款。中国红十字会提供 350 万美元，专用于修建安置灾民的住房。中方先后向泰方提供的现款和物资援助共合 470 万美元。中国政府和人民及时有效的援助获得了泰国各界的广泛赞许和好评。舆论称，"患难见真知"，这再次体现了"中泰一家亲"的深厚情谊。

生死之间

我先后 5 次深入泰南海啸灾区，了解灾情、看望救灾志愿者、协调救灾工作。在此过程中，我看到了海啸给人类带来的巨大灾难，看到了中国志愿者和当地人民共同救灾和重建的忘我精神，受到了一次心灵的震撼和灵魂的洗礼。

在巴东海滩，威腊县长向我讲述了海啸发生时的景象。数十米高的大浪从海面上滚滚而来，狂风呼啸，树被连根拔起，电线杆被拦腰折断，咖啡馆、餐馆、酒吧瞬间被夷为平地。他边说边指着一片狼藉的海滩，往日的繁华没有了，只剩下断壁残垣、枯枝败叶。他感叹天灾难测和不可抗拒，表示崇尚中国文化"天人合一"的理念，说如果我们对海啸有更多的了解，更注意环保，遭受的损失会少一些。

他讲述了一个英国女孩救了一批游客的故事。那天早上，这位小女孩在母亲陪伴下来到海滩踏沙、戏水、拾贝壳，享受着晨光中大海带来的欢乐。突然间，她发现海水悄无声息地倒退，一会儿就空出一片沙滩。她马上跟妈妈说，老师在课堂上讲过，这种情况的出现很可能就是海啸的预兆。童真无邪呀，宁可信其有！妈妈立即高声招呼海滩上正在玩耍的人们赶紧离开。人们将信将疑，但很多人还是和这母女俩一起离开海滩向高处走去。果不其然，海水很快杀了个回马枪，数层楼高的水墙一堵接着一堵地压了过来，越过滩头，冲毁马路，摧垮楼房。这情景让刚跑到山坡上的人们看得目瞪口呆，后怕之余一个劲儿地感谢这位女孩。

这个故事，英国驻泰国大使弗罗尔先生也曾对我说过。多家媒体有报道。人们甚至将她与比利时的"尿童"相提并论——14世纪，入侵比利时的外敌试图用炸药炸毁布鲁塞尔，一位勇敢机智的小男孩用一泡尿浇灭导火索，拯救了这座城市。这位英国女孩则以她学到的海啸知识机智地救了一批旅游者的性命。我国著名雕塑家袁熙坤先生曾对我说，这位英国女孩的事迹引发了他的创作冲动，他为这位小英雄创作了一尊塑像。

威腊县长陪同我们来到坐落在半山腰上的半坡酒店。酒店老板陈志强先生告诉我们，海啸发生当天，大批逃难者从山下奔来，他敞开酒店大门收容了他们，免费提供食宿。威腊县长说，不光陈先生如此，其他许多华人开设的酒店、餐馆也这样做了，体现了有难同当、同舟共济的团结友爱精神。我对陈先生和当地华人社团在海啸中的善举表示钦佩，高度赞赏他们的社会责任感，并应邀为酒店题写了"上善若水"和"宾至如归"两幅字。

在普吉岛西南端的崖顶上，伫立着一座泰式亭子，青松掩映，凉风习习。我们步入亭中，凭栏远眺。夕阳下影影绰绰地散落着几个离岛，平静的海面上波光潋滟。普吉旅游局负责人纳西瓦向我们讲述了海啸时海上的另一番景象。

他说，海啸发生的这天早上，有不少船只载着游客由普吉本岛去附近小岛游玩。走得早的抵达小岛时正好赶上海啸，大多遇难，几无生还。走得晚的，海啸发生时船正行驶在深海，反而安然无恙。不少人对此感到奇怪，因为他们对海啸的形成过程不了解。

纳西瓦告诉我，他是学地质的，对海啸有些研究。海啸由海底地震引起，地震推动海水以数百公里的时速向四面运动。它还在深海里运行时，海面不会有太大异常，一旦抵近陆岸就会突然发力，掀起难以想象的巨浪，摧枯拉朽，吞噬一切。这就是为什么海啸发生时在深海里的航船无险，抵岸船只反而遭殃的原因。

我告诉纳西瓦，他所说的情况在中国团组的经历中得到了验证。当时，在普吉有一个由田麦久副主任率领的北京市人大代表团，泰方原计划安排这个团早上7时出发去皮皮岛考察。由于头天日程安排拥挤，大家比较疲累，起床稍晚，出发时间迟了大约半个小时。经过个把小时的航行，当船快到皮皮岛时，发现岛上情况异常，像被洗劫了一般。大家都感到情况不妙，决定放弃登岛立即返航。回到普吉本岛才知道，就在他们前往皮皮岛的途中，海啸发生了，皮皮岛遭受了一场灾难。

28日，我宴请田麦久副主任一行，为他们压惊。田主任是九三学社北京市主委，运动员出身，对运动学很有研究，有多部述著，在北京体育大学等多所高校做兼职教授，对文学也有浓厚兴趣，出版过诗集。他年轻时曾留学德国，38岁那年遭遇一起严重车祸，在病榻上昏迷50多个小时。席间，他既感慨唏嘘又达观幽默地说："我年轻时在德国的车祸中大难不死，年近古稀在泰国又与死神擦肩而过，看来我在阎王爷那里是个不受欢迎的人呀！"

当时，正在泰国访问的还有党组书记甘英烈率领的中国文联代表团，团中有著名书画家刘大为、声乐家金铁霖等。他们原计划也要访问普吉，后接受使馆建议改去苏梅岛。文化参赞秦裕森对他们说，许多人只知道泰国有个普吉，其实与之相邻的苏梅岛是一个别有情趣的好地方，尤其对采风者更是值得一看，代表团一听便动心了。沙梅岛和普吉岛与这次地震的中心苏门答腊附近海域的直线距离相差无几，只因隔着一块狭长的陆地，沙梅岛便无海啸之灾。海啸发生后，代表团再三对使馆的变动性安排表示感谢。我于是提起海啸发生前两天我和秦裕森参赞邀约该团在大使官邸共餐的情景，当时刘大为展纸挥毫，兴趣盎然地写了"南海观涛"四字横幅，字体遒劲，力透纸背，博得大家一阵鼓掌。我打趣地说，你们有先见之明呀，大为早就声明了：此番南临沧海只做"观涛"之举，自然与海啸无相遇之缘了！大家听罢都哈哈大笑起来。

在考拉的寺庙里，我看望了中国科学院青年志愿者 DNA 检测组的专家们。

泰国是一个佛教国家，大多数人口信仰佛教，寺庙随处可见。据泰国官方统计数字，截至2013年，全国有寺庙43810座。寺庙除供僧人驻锡、信众礼佛外，还有一项重要功能，就是办丧事。所以，海啸中遇难者的尸体都集中停放在寺庙里。

中国 DNA 检测组正在工作的这座寺庙就停放了300多具尸体。经海水浸泡和烈日暴晒，尸体发紫变黑，散发着浓烈的臭气。一进庙门，工作人员就为我穿上防护服，戴上双层口罩，仍然抵挡不住阵阵的恶臭。

我穿过庙廊，来到后面的停尸场。中国的青年科学家们正在聚精会神地工作。他们从尸体上取下一缕头发、一块带血迹的衣衫或者其他他们认为有价值的部位，然后小心翼翼地装进塑料口袋，标上编号。他们的神情是那样专注，那样一丝不苟。可他们既不穿防护服，也不戴口罩，神情自若，从容不迫。我被他们的忘我精神感动了。我扯下口罩，走上前去握住他们的手，向他们道声辛苦，表示亲切的慰问。他们告诉我，天气太热，穿戴过多，碍手碍脚，很不方便。为了工作，他们是奋不顾身呀！

当天晚上，在使领馆工作组的协调会上，我建议考虑可否对 DNA 检测组的工作作轮换性的安排，但 DNA 组年轻的专家志愿者们坚决不同意，说这是他们的职责所在，不能也不应该由别人来替代，他们能坚持而且能做好。

他们确实能做好。他们近乎完美的工作赢得了国际同行的认可和泰方的赞赏，泰方决定把全部 DNA 检测任务交由中方专家负责。而我们的专家们也不负众望，如期完成了任务。

这个 DNA 检测组由 5 位青年科学家组成，组长邓亚军，35 岁，其他几位的年龄比她还小。他们初抵曼谷的时候，我们到机场接他们，当时已过午夜，同一航班的乘客都快走光了，才看见他们几位朝我们走来"自报家门"，我们还不太敢相信自己的眼睛。我们想象中的科学家，若非"满头飞雪"也是"两鬓苍苍"。然而，就是这一群"黄毛丫头""豆蔻小伙"，勇敢地接受并出色地完成了一份重任！在他们完成任务回国的时候，我为他们做了一首诗：

2005 年 7 月 1 日，在两国总理的见证下，中科院院长路甬祥（右）向泰国外交部副部长彼差移交泰国海啸遇难者 DNA 数据检测结果。（供图：中新社）

怅望何曾生死路，

从容恰在鬼门关。

青春奏响安魂曲，

异国扛旗载誉还。

山与海的较量

2005 年 1 月 29 日，泰国在普吉岛举办"海啸预警安排区域合作部长级会议"。作为东道主首席代表的泰国外长素拉杰给李肇星外长打电话，说答应出席会议的大国外长不多，恳请李部长拨冗与会。李部长欣然同意，决定在完成头天既定日程后连夜赶到普吉。

李部长从一开始就非常重视此次海啸救援外交，海啸发生不久，他就委托武大伟副部长到印尼、泰国等重灾国作过一次考察。在泰国，武副部长到普吉、攀牙等海啸最严重的地区进行了察看，会见了素瓦副总理和素拉杰外长，表达了中方的关切和尽力提供援助的真诚意愿。

28 日下午，我从曼谷飞抵普吉。晚上，出席素拉杰外长为前来参加第二天会议的各国部长举行的招待会。他信总理也来了，他握着我的手说："泰国在这次海啸中遭遇空前灾难，中国政府和人民提供了最为及时有效的帮助。请转达我对温家宝总理诚挚的感谢。"又说："感谢李肇星外长拨冗出席明天的会议，我知道他正在路上，请转达我对他的问候。"招待会一结束，我便赶往机场迎接李部长。

李部长的商务包机飞抵普吉机场已近午夜时分。在陪同李部长乘车进城的路上，我向他汇报了招待会的情况。李部长对我说，中央非常重视此次救灾外交，组织了新中国成立以来最大规模的对外援助行动。海啸发生后，中国政府第一时间就宣布向受灾国提供首批价值 2163 万元人民币的紧急救灾物资和现汇援助。几天后，温家宝总理又会见泰国、印尼等 10 个严重受灾国的驻华使节，宣布中国将提供 5 亿元人民币的救灾援助。1 月 6 日，温总理出席在印尼召开的东盟地震和海啸灾后问题领导人会议，并用他的专机带去 16 吨紧急救援物资。在这次救灾中，中国政府和人民的捐助总额超过 12 亿元人民币。李部长对我馆在救助中国公民和协助泰方救灾中所做的工作予以充分肯定和鼓励。

第二天上午，李部长在会议上第一个发言，表示中国政府和人民将继续全力帮助印度洋海啸受灾国开展救援和重建。会后，李部长要求到灾区看看，代表中国政府慰问灾民。为了赶时间，李部长提出可乘直升机。泰方有点犹豫，因为此前发生过直升机坠机事故，我也有些担心。李部长坚持说不要紧。素拉杰外长于是给空军司令打电话，调来王室使用的性能最好的一架直升机。我和央视记者王玉国等陪同李部长乘直升机考察了灾情最严重的攀牙府考拉地区。李部长后来在他的回忆文章中这样记述当时的感受：

"真是不看不知道，一看吓一跳。眼前的情景令人终生难忘：一艘巨大的货轮被冲到岸边一二百米处，大树被连根拔起，几家饭店只剩下几根柱子……泰国人民得克服多大困难，才能重建家园！"

下午 2 时，李肇星部长一行由普吉乘坐商务包机回国。

送走李部长，我也登上返回曼谷的航班。飞机起飞后，沿着攀牙湾向北飞去。近一个月抗灾救民的日日夜夜，又一幕幕地浮现在我的脑际。

我们高举"为民""善邻"两面旗帜，及时启动应急机制，及时将滞留灾区的所有中国公民安全转移，安排伤亡公民的救治和善后，同时组织协调各种力量对泰国开展了一场救灾外交，展示了中国的良好形象。所有参加救灾的中国志愿者和我们的外交队伍的良好表现获得广泛好评，本身也得到了锻炼和提高。后来我得知，来泰参加救灾的几支志愿者队伍回国后都受到了表彰。DNA 小组的领队邓亚军被评为"三八红旗手"，并荣获五一劳动奖章。外交部也为我们驻泰国使馆和驻宋卡总领馆记了集体三等功。

俯瞰机翼下经海啸洗劫后依旧岿然挺立的苍岩青山，我想，天灾固然是不可抗拒的，人对自然应保持一种敬畏，但绝不是无所作为，人类应遵循自然规律谋求自身的发展。人类的坚强、团结和遵循科学规律的进取所产生的伟力，也可感天地泣鬼神！于是，我不由自主地哼道：

狂涛汹涌撼青山，

山稳如初笑海顽。

海怒冲天卷地啸，

青山劫后还岿然。

2006 年 10 月 11 日，张九桓大使（左 3）出席在泰国甲米府举行的中国政府援助泰国海啸灾区 400 套活动板房正式启用仪式。（供图：中新社）

周年祭

一年后，2005 年 12 月 26 日，泰国政府在攀牙考拉海滩举行盛大的纪念仪式。泰国王室代表乌汶叻公主、他信总理以及其他军政要员、社会名流、各界代表和驻泰使节 1000 多人参加。我应邀出席了这项活动。

人们举行研讨会，就海啸的预警、防范和救灾交换意见，探讨有效解决问题的途径和措施。然后，又来到曾经被海啸蹂躏的滩头，以献花、签字等形式悼念海啸遇难者，还为即将动工兴建的海啸纪念碑铲土奠基。

傍晚，一个隆重、肃穆的祭奠仪式在考拉海滩举行。乌汶叻公主出席并主持仪式。公主在这次海啸中失去了她唯一的儿子坤鹏。一年前的这天早上，坤鹏独自驾驶摩托艇出海，海啸袭来时来不及躲避，不幸被大浪吞没。公主承受了中年丧子的巨大悲痛。仪式上，人们以放飞孔明灯的方式悼念逝去的灵魂。公主亲自点燃第一盏孔明灯。

孔明灯是一种纸糊灯笼，用竹篾扎成一个圆柱形的框架，四周和顶部糊上藤纸，底架上安放一支蜡烛，蜡烛点燃后生成的热空气就会带着灯笼升空。相传，这是孔明七擒孟获时带到当地并留传东南亚的。泰国人无论办红事白事，都有燃放孔明灯的习惯。

随着第一盏孔明灯的升起，十盏、百盏、千盏……跟着徐徐升起。这天晚上，考拉海滩共放飞 5000 盏孔明灯，祭奠5000 多个在海啸中遇难的灵魂。这纸糊的烛灯透迤飘飞，照亮了海滩和夜空，越飞越远，越飞越高，寄托着人们对逝者的哀思，承载着人们对大自然有更多的了解、真正实现天人合一的美好愿望。

泰中关系：过去十年清迈大学的故事

龙姆·吉拉努功

（泰国清迈大学副校长）

张倩霞 译

自 1964 年建校以来，泰国清迈大学对与世界各国高等院校及机构在学术方面的合作和关系建立给予了极大的重视，尤其是与中国多所高校建立了良好关系，开展了长期的学术合作。可以说，过去十年是清迈大学与中国高等院校及机构友好关系显著发展的时期。下面，我将向大家介绍具体情况。

清迈大学与成都大学的关系

自 2006 年起，清迈大学与成都大学便有了合作意向。那时候，我担任人文学院院长，并且学院正好打算开设对外泰语课程。我与当时的人文学院科研与外事副院长、现任语言学院院长连·洛维蒙空（Rien Loveemongkol）副教授商议，决定前往成都，一方面向成都的大学学习，另一方面也向成都人介绍清迈大学及人文学院的对外泰语课程。那时我所了解的成都，是一座与丝绸之路有历史关联的城市，而古代丝绸之路是中国西部文化与贸易发展的重要通道。我很想了解成都及其周边，同时，也想向泰国尤其是清迈人民介绍与宣传成都不仅仅是熊猫的故乡，还是三国时期刘备的蜀国建都的地方。

2006 年 8 月，我从泰王国驻成都总领事馆的朋友那儿打听到，成都大学外国语学院有开设泰语课程的计划，就拜托朋

友帮忙联系，希望能去拜访。我还记得当我到达成都大学的时候，得到了时任成都大学国际合作与交流处处长徐跃星和外国语学院院长苏联波、书记汪红老师，以及外国语学院第一位泰籍外教关国兴老师的热情接待。2009年，外国语学院的一位老师获得清迈大学艺术与技术传媒学院的全额奖学金，来清迈大学攻读博士学位，成为过去十年间在清迈大学获得博士学位的第一位中国人。我有幸与外国语学院院长就接收成都大学对泰语课程感兴趣的学生赴清迈大学学习等事宜进行了深入商讨。这可以算作清迈大学与成都大学真正建立友好合作关系的开始。

后来，为了宣传对外泰语课程，我有机会再次来到成都大学，并有机会去了泰国人还不熟知的许多城市。我还思索着，如果更多中国人能够掌握泰语或者泰国学生有机会前往他们还不够了解的中国的城市，将会增进泰中人民对彼此的了解。

于是，2011 年，我和清迈大学的同事们前往宁夏回族自治区。宁夏位于中国的西部，是回族人民的聚居地。我有机会与宁夏自治区及高校的领导进行了会见，其中一位就是现任自治区外事办公室主任。他也把自己的孩子、侄子及朋友的孩子送到清迈大学学习对外泰语专业和软件工程专业，几个孩子不久前结束了课程学习，将于 2017 年初获得相关学位。

那次去中国访问之后，我感受到了中国的广阔。我发现，在成都和宁夏所认识的中国朋友对泰国的认识和了解都不多。因此，与宁夏外办那位领导谈论送孩子去清迈大学学习不是一件容易的事。对外泰语课程开办初期，学生非常少，还不足10 人。但现在，对外泰语课程已经成为泰国最受欢迎的专业，入学竞争十分激烈。目前，人文学院正在计划面向外籍学生进行扩招。

清迈大学与成都大学的合作及其发展是逐步推进的。2010 年，清迈大学与成都大学共建了泰国语言文化中心，这是清迈大学在世界范围内、也是在中国区域内开设的第二个中心。后来，还设置了软件工程课程及护理课程，同时，通过在语言文化中心的培训，成都大学的学生志愿者得以到清迈教授汉语。

成都大学从与清迈大学的合作，发展到与地方行政管理机构的合作，使有志于对外汉语教学的成都大学学生能够为清迈各小学与中学教授汉语，后来还扩大到了其他省份，如乌汶府、春蓬府等。该项目始于 2010 年，已有超过 400 名学生参与了该项目，可以说，这一项目为青年一代的友好关系的建立奠定了基础，有助于更好地促进双方关系的发展。我本人对双方现在的关系和未来双方关系发展的良好趋势表示十分高兴与骄傲。

设立泰国语言文化中心

清迈大学在中国设立了三个泰国语言文化中心，分别在云南师范大学、成都大学和广西大学。上述各个中心除了接收愿意到清迈大学学习的学生之外，还宣传关于泰国和清迈大学的各种信息资料，旨在让中国人更加了解泰国。另外，中心还与当地政府和学校合作举办各类活动，例如：在昆明，中心与泰王国驻昆明总领事馆联合举办活动；在成都，中心逐步发展成为省级语言文化中心。而在广西设立的中心被认为是一个重要的战略支点，因为中国政府宣布南宁为面向东盟的门户，这使得在南宁的中心未来将继续扩大。

2016年8月3日，在四川省泰国研究中心帮助下，来自成都的天籁筝乐团前往清迈举办了古筝专场演奏会，促进了中国成都市与泰国清迈府友好城市关系的进一步深入，也是成都—清迈艺术交流的开始。这个项目也是与清迈府各个高校一同合作的，旨在交流中国古典音乐、兰纳音乐以及戏剧艺术等。

龙姆·吉拉努功（左4）与天籁筝乐团合影

清迈大学孔子学院

自 2005 年以来，清迈大学与云南师范大学建立起了良好亲密的关系。云南师范大学派遣工作人员到清迈大学建立孔子学院。虽然开办之初面临诸多困难，但最终在清迈大学还是建立起了有坚实基础的孔子学院。云南师范大学的老师自愿到清迈大学负责孔子学院一应事宜，使得汉语教育在清迈以及周边的府得以迅速拓展。于是，清迈大学孔子学院成为为泰国人所称赞的知名汉语教育机构。2014 年，清迈大学孔子学院荣获中国国家汉办授予的"年度先进孔子学院"荣誉称号。

2014 年 12 月 7 日，在厦门举办的第九届世界孔子学院大会上，清迈大学校长尼维斯·南塔奇教授接受了中共中央政治局委员、国务院副总理、孔子学院总理事会主席刘延东为清迈大学孔子学院颁发的"先进孔子学院"奖牌。

自在北京举办的首届孔子学院大会以来，清迈大学校长和副校长都会代表学校参加历年的孔子学院大会。作为代表参会的我们深刻感受到了孔子学院在汉语和中国文化传播中起到的重要作用，这也加深了我们对中国与世界各国友好政策的理解，并让我们看到了会议主办方组织万人大型会议的良好组织和管理能力。

清迈大学孔子学院不仅提供汉语教育服务，同时也是汉语水平考试中心。每年都会有许多人报考汉语水平考试，这充分体现了泰国中小学生、大学生以及民众对汉语学习的热情。除此以外，清迈大学孔子学院还针对泰国大学生提供赴中国留学的奖学金。

后来，中国各个高校和清迈大学孔子学院合作举办了系列汉语教育展示活动，旨在让泰国学生加深对中国高校的了解。不管是因为留学奖学金，还是因为有数量繁多的专业选择，我都认为目前有很多泰国学生非常乐意到中国深造，并且呈现出不断上升的趋势。

世界孔子学院大会后来也在中国的其他城市举办过，比如

厦门、上海等，这让我们所有的参会人员有机会看看中国其他的大城市。在过去的 10 年里，我们看到了中国在各个方面的发展与进步，尤其是经济发展取得的成绩以及快速发展的汉语教育。所有的这些都让我们必须聚焦中国，关注未来与中国深化关系的发展趋势。

接待中国游客

2012 年，伴随着电影《泰囧》的上映，中国掀起了赴泰国旅游的热潮。许多中国游客到泰国旅游，特别是到清迈，大量中国游客还涌入清迈大学参观。初期，中国游客的涌入给清迈大学带来一阵骚动，以致在校内有人发出了禁止中国游客到清迈大学游览的反对声音。人们觉得不应该为了促进旅游而让清迈大学变成混乱的旅游景点，尤其是旅游大巴开进大学造成了多次事故，校园的清洁问题也给学校带来不小的麻烦。于是，校长委任我全权负责中国游客到清迈大学游览的事情。我还记得那是 2013 年 3 月，我下定决心要与学校管理层和学生谈中国游客到清迈大学游览的事情，要让他们明白清迈大学治学的原则，即清迈大学是一所对外开放的大学，我们不可能向所有要进入大学的人关闭大门。我相信，中国游客之所以要来游览清迈大学，是因为清迈大学优美的校园风景、享誉国内外的学术声誉。我们必须做的事情不是去禁止中国游客，而是了解游客的需求、规定好游客的游览路线。我相信，如果游客知道哪些事儿可以做，哪些事儿不能做，让他们了解相关规定，游客们是会自觉遵守规则的，那么，所有的问题都会迎刃而解。

我曾经对学生们说，放假期间，学校将会使用校园电动车作为游览观光车，为中国游客提供旅游服务。我们通过旅行社、导游及各媒体告知中国游客，到清迈大学游览必须乘坐校园观光电车。校园观光车将会在安娇湖（Ang Kaew）等中国游客感兴趣的观光点停车，让游客们尽情地拍照留念。在该项规定执行初期，要求中国游客使用观光车游览校园确实给学校造成了不小的麻烦。但在学校各方的共同协作下，这些麻烦得到了解决。其中至关重要的一点，就是学生、管理层、学校各方面工作人员的相互理解。后来，中国游客游览校园的事情改由学校的慈善基金会负责。基金会调整了学校提供的旅游服务，让其更加灵活便利。基金会甚至向游客征集善款，用于民生计划。后来，校长决定再增购六辆旅游观光电车用于接送中国游客。至此，中国游客游览清迈大学的问题得到圆满解决。游客乘坐观光车游览清迈大学用时大概 20 分钟，在回程的电车终点站下车后，游客就可以出校园了。后来，校园里开了一家名叫"CMU coffee"的咖啡店。通过这家咖啡店，我们才了解到了中国人喜欢的咖啡口味，也知道了他们喜欢吃什么。中国游客除了喜欢喝冰咖啡、冰茶以外，还喜欢喝椰子、榴莲鲜榨果汁，这两种果汁是游客们最喜欢的，也是这家店最有特色的冷饮。我们把对中国游客的调查做成研究报告，提供给政府相关部门参考，以增进他们对中国游客的了解，改善接待工作。

后来，清迈大学开始施行"Visit CMU"（访问清迈大学）项目，即在校园内售卖各类学校旅游纪念品。项目施行初期，纪念品卖得不太好，但在根据游客的需求作出调整之后，清迈大学的旅游纪念品受到广大游客的欢迎。目前，平均每天到清迈大学游览的游客有 700 人，如果是节假日，每天游客可达到 2000 人。我认为，当下的项目形式是让校方和游客都满意的形式。一方面，游客玩得愉快；另一方面，清迈大学也得到了更好的宣传。不仅如此，在项目施行的过程中，清迈大学通过招募学生做导游或者志愿者的活动，使学校成为泰国学生和中国留学生的实践基地。在实践过程中，学生的销售能力得到了锻炼。后来，多家政府和企业单位到我校考察"Visit CMU"项目，其中就包括泰国国家旅游局。这个项目采用的旅游管理模式说明，建立在理解游客、理解游客旅游需求和行为基础上的旅游管理模式会带来双赢的局面。

我建议包括清迈大学在内的泰国人调整对中国人的态度，我们还需要加深对中国人的了解，包容来泰国做客的每一位游客。对于很多首次走出国门的游客来说，新奇的事物会令他们特别兴奋，这会让他们抑制不住自己，想要把所到的每个地方、所见的每个场景都拍下来。说话声音大其实是很多中国人的习惯，无可厚非。我认为，调整自己的态度，带着包容的心，有利于游客和校方的相互理解。

友谊长青

前不久，我受邀作为主讲人介绍了清迈大学与成都大学的关系，以及清迈府与成都市的关系。我播放了双方从过去到现在的许多图片，展示了双方从最初的教育合作到现在经济、旅游等方面的合作。这些图片形象地反映出清迈府与成都市之间的贸易往来；在旅游方面，开辟了新的旅游线路，开通了清迈—成都直航航班。这些都让我们看到两地之间从高校的教育交流与合作开始，进而扩展到其他方面的关系，最后发展为友好城市的历程。我相信，两市之间、清迈大学与成都大学之间、清迈大学与中国其他高校之间的关系，在泰中两国人民友好关系的基础上，将不断取得发展和进步。我想起了我们熟悉的一句话："中泰一家亲！"

我和我的两所母校

刘 瑜

（泰国皇太后大学汉学院教师）

七年前，我从母校成都大学外国语学院英语系毕业，经推荐，得到了泰国皇太后大学汉语教师的面试机会，也是运气好，通过了复试。于是，我独自提着行李箱来到了泰国，一待已过七载。下面，我将分享我和母校的故事，讲述我和泰国的缘分。

缘起母校成大

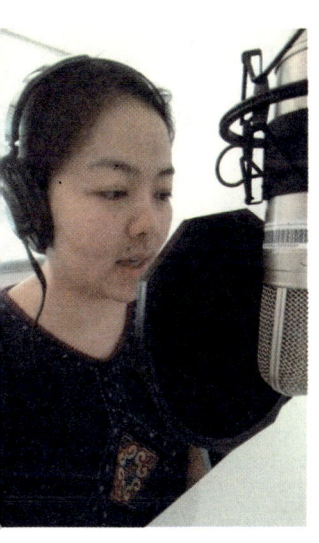

刘瑜在为专业课录制听力文本。

其实，我跟泰国的缘分是从 2007 年大学二年级开始的。当时，成大外国语学院正在为开设四川第一个泰语系作准备，所以学院为我们请来了一位泰籍老师，欢迎感兴趣的同学报名参加泰语培训班。几番周折后，终于迎来了这位泰籍老师，他就是一直在成大执教到现在的关国兴（Chaphiporn Kiatkachatharn）老师。这个小语种兴趣班由当时外国语学院的书记汪红老师和在培训工作方面经验丰富的付静老师负责，全班只有 12 位学员，是真正意义上的小班教学，可能也是四川省第一个泰语培训班，学员是来自学院英语专业各个年级的学生。在这个暑期兴趣培训班里，关老师给我们讲解了泰国的方方面面，其中，宗教、礼仪等是比语言本身更吸引我的东西。我们同届的几个同学总是去"骚扰"老师，好奇地向他问东问西，老师也总是很耐心地一一回答。此外，认识或者接触过关老师的人可能都知道，老师做一手好菜，无论是泰国菜还是潮州菜都能信手拈来。他经常亲自为我们几个"吃客"下厨。

正是因为接触了泰国，我们这个培训班里的12位同学都在当年参加了学院组织的一个在泰国度假胜地华欣（Hua Hin）举办的酒店管理实习项目。我们到了华欣，分散到各酒店实习了近一个月的时间。当时，泰国人给我的直观印象是热情友好，还有就是说英语的时候，习惯重音都放在最后一个音节。我们几个小女生到莲花便利超市买日用品回到实习酒店，守门的大叔一见我们就笑容灿烂地说："噢，去了Lotus。"我们听不懂，大叔就指着我们提着的袋子，让我们跟着他发音。大叔对他的"咯达"发音颇为自豪，我们几个也笑开了，至今我仍常给我的学生讲起当初的这段笑谈。实习期间，我头晕发烧了一次，酒店的老板是一位嫁给泰国人的英国女士，她开车把我送到附近的诊所，然后让她先生挂号、缴费，跑前跑后，她就陪在我身边，帮我跟医生翻译。实习快结束的时候，关老师回泰国探亲，专门自费开车从曼谷来华欣看望实习中的我们。在异乡见到老师，感激之情溢于言表。从此，我们便亲切地称他为"พ่อ（爸）"。

美好的时光总是过得太快，那一年我们的泰国之行遇到了很多好人好事。离开酒店的前一天，跟我们一起工作的酒店员工还专门为我们送行。短暂的实习，让我们结下了友谊，离开的时候，大家都是依依不舍。直到现在，我还跟当时负责我们生活起居的一位姐姐保持着联系。实习结束，我的生活再次回到了校园里的"三点一线"。我曾以为泰国只是我学生生涯中一段美好的插曲，没想到竟会成为我人生中的主题曲。

"红娘"

2008年，大三的暑假，我被外国语学院推荐，作为成都市的大学生代表之一，参加了一个由泰王国驻成都总领事馆组织的成都市—素攀府"中泰青少年文化交流项目"。当时我已准备在国内考研，且已报名参加了一个研究生考试的政治补习班，本想放弃这次中泰文化行，但学院付静老师认为这是个绝佳的机会，不应该放弃。现在回头想想，如果当时放弃了这次机会，可能就真没有后面来泰国的故事了。

那次文化行让我结识了时任泰国驻成都总领事馆商务领事沃拉提女士（Waratip Supachawarote，昵称 Cherry），到泰国各地交流都有她一路陪伴，耐心给我们解说。分别的时候，我们互留了电话。几周之后回到学校，正值开学的第一周，Cherry 领事就给我来电话，说泰领馆为支持成大开设四川省第一个泰语专业，准备资助一位朱拉隆功大学的泰语老师来成大，希望介绍我们认识。这位女老师名叫普琳娜（Preena Manomaivibool），她年龄跟我差得不多，我们一见如故，相处非常愉快，很快成了朋友。大四考完英语专业八级考试，我到四川省团委实习，为汶川地震周年集资重建当志愿者时，接到普琳娜老师的来信，邮件中她问起我毕业后的去向。那时我已应聘了一个做对外贸易的小公司，工作强度不太大，我可以继续准备考研。她反问我："不想当老师了？""怎么会不想？当老师是我从五岁起就一直想实现的梦想。"她便问我想不想去泰国教书，并要了我的简历。不想一周后她再次发邮件给我，说泰国的皇太后大学对我感兴趣，希望能电话面试。我终于有机会可以实现"老师梦"了，面试非常顺利，皇太后大学对我非常满意。在征得父母同意后，我推掉已经应下的工作，开启了我的对外汉语教学之路。

能够跟泰国再续前缘，我一直觉得是成大外国语学院、泰国驻成都总领事馆以及普琳娜老师这几位"红娘"为我牵的红线。缘分如此奇妙，一切都好像是环环相扣，偶然地发生，返回去想却又像是必然。

缘续母校皇太后大学

2009 年 8 月中旬，我便独自来到了泰国，普琳娜老师和她的母亲热情地接待了我。我也是后来才得知，当时审阅我的简历并推荐我到皇太后大学的，就是普琳娜老师的母亲、在泰国朱拉隆功大学任教的泰国汉语界鼎鼎有名的芭萍（Prapin Manomaivibool）教授。芭萍教授十分平易近人，当晚对我百般叮嘱，还让普琳娜老师专程把我送到清莱。普琳娜老师带我报到，见学院领导，帮助我落实了办公室和宿舍，在把我托付给她在学校任教的两位大学同学后，才离开清莱。每每回忆起刚到泰国的情景，我都非常感激普琳娜和芭萍两位老师。

皇太后大学给我留下的第一印象极好。到这里的当天，天气晴好，天空蓝得很纯粹，进校园的路两旁都种着树木，树枝已经聚合在了一起，显得蜿蜒深邃。汽车开到这个树木形成的"隧道"的尽头，眼前突然展现出宽阔的 U 型主教学楼，大气磅礴。想到将在这所有着"泰国最美大学""公园里的大学"美誉的校园里展开全新的工作和生活，我心情十分激动。

大约一周后，我办妥了工作许可和签证，正式入职。我接到通知，校长希望会一会刚入职的新老师。我与另外四位同伴在一个周三的早上见到了皇太后大学笑容可掬、和蔼可亲的万才（Vanchai Sirichana）校长。因为我的泰语水平有限，他就先用泰语、再用英语讲一遍，专门为我这个外国人翻译。万才校长说，很高兴你们几个刚毕业就有志来这所年轻的大学任职，从此你们就不再是学生，而是一名老师了；接着，又跟

刘瑜（左2）和学生们在一起。

我们分享了关于如何当好老师、角色的转换是责任的承担等心得。我记得特别清楚的是，他亲自送我们离开办公室的时候还专门对我说："一个人在国外，一定注意安全，多结交些朋友。"言语亲切，像位慈父。

再见到万才校长，是在学校的年会上，他一桌一桌地跟教职员工们问好。到了我们这桌，他在圆桌前站定，眼睛扫到我时，便问我："หยก（我的泰语小名），你怎么样？准备好读研了没有？想不想申请学校的奖学金，学校愿意培养你！"我先是惊讶于校长只见过我一面，却在上千人的全校年会上准确地叫出我的名字，记得我下一步的目标是读研；更惊喜的是，学校愿意提供奖学金培养我！就这样，2011年，我开始攻读皇太后大学的对外汉语教学硕士学位。为了我们那届研究生，学校专门请来了复旦大学的语言学家游汝杰教授、云南社会科学院哲学所的唐嘉荣副教授、在新加坡任教的黄霞博士等业内专家为我们授课。读书期间，学院还专门为我减少了课时量，竭尽全力地支持我，直到2014年我顺利毕业。

2014年年中，中文系从文学院独立出来，此时离皇太后大学正式招收第一批汉语专业本科学生已经整整十个年头。学校为泰国各界输送的汉语专业本科毕业生受到了用人单位的普遍好评，并且已经在整个泰国的汉语教育方面产生了很大的影响，许多学生及家长慕名而来。万才校长坚持重视发展汉语教育，要将中国的理论、规划等通过课堂教学带给学习者；在与时俱进的同时，又与泰国的文化产生交融，培养真正让学生和社会受益的毕业生。因此，"汉学院"应运而生，在原先商务汉语、汉语师范和汉语言文化的本科教学基础上新增了汉学专业，再加上汉泰翻译和对外汉语教学两个硕士专业，使皇太后大学在成立的第16年一举成为泰国汉语专业和学科建设最为完整的大学。同年，学校还开设了中医专业，并把汉语作为

刘瑜（左2）在硕士毕业典礼上与同学合影。

全校性的公选课。

从母校成都大学毕业后，泰国皇太后大学是我参加工作后的第一个单位，也是我硕士毕业的学校，自然成了我的又一个母校。离开成都的7年里，我始终远远地、默默地关注着母校成大的壮大。记得有一次在去清迈某中学访问皇太后大学汉语师范专业实习生的时候，遇见了成大在清迈实习的泰语专业学生，我甚是激动和骄傲。在泰国皇太后大学工作学习的七年间，我见证了校领导对中文的重视，"汉语系"华丽转身为泰国开设汉语专业最多的"汉学院"，以及医学院所增设的中医专业，为泰国不同专业和水平的学生提供了大量到北语、复旦、厦大、暨大等中国高校交换学习的机会，具有中、泰国籍的汉语教师队伍也从最初的13名扩大到60多名。短短的几年间，两所母校的发展有目共睹，我也有机会在这个过程中和母校共同成长，感恩于心。

我无疑是幸运的，感激两所母校，更感谢所有帮助过我、给予我教诲的老师们。我必将更加努力，除了参与见证母校的更多荣誉、辉煌，为母校而自豪以外，更希望将来有能力为中泰友好交流献出微薄力量，让母校能因我而骄傲。

后记

2016年10月12日，有消息说深受泰国国民爱戴的国王普密蓬·阿杜德病情不稳定，诗琳通公主已赶往医院，好几所学校由王储参加的学位授予仪式也取消了。正值学校的期中考试周，当天下午我正在监考，隐约听到旁边的泰国同事在低声地互相打听国王是否有好转的消息，那时得到的消息是有所好转。

10月13日下午5点，我上完一整天的课后，回教研室开教学会议。6点开完会回到教室，突然发现身旁的泰国同事在一边批改试卷，一边落泪。我吓了一跳，轻声问怎么了。她一边抽泣一边说："国王情况不好，我们都在祈祷，等消息。"另外一个同事含着泪连声说："不会的，不会的，他才88岁，对于一个国王来说，还太年轻，他还能再活30年。"

6点45分左右，学院的大会议室开始播放各个电视频道的新闻，每个人的脸上都写满了凝重。虽是外国人，我毕竟在这片土地待了近7年，即便是身边朋友的至亲病危，我心里也会堵得难受。起身去上洗手间的时候，大约7点过5分，所有电视、网络的声音都突然一致了。等我再回到办公室，所有人早已泣不成声。这时，安慰已经失去了作用，空气里都是撕裂的悲痛。

回宿舍的路上，经过校园里皇太后（国王的母亲）的雕像。整个石雕周围跪满了双手合十、哭泣跪拜的学生。连旁边平日里热闹不已的中国餐厅，也安静了下来。

回家上 Facebook，昨晚还是一片粉色背景（代表国王的颜色）、金色字体、写着"某某某爱国王"的头像，今天几乎全都换成了黑色。其中就有三年前我教过的一个叫 Kwang Bambiie 的商务汉语专业的泰国女生。记得那年中文口语考试的时候，考生需要在三分钟之内以"我最爱的……"为题即兴做一篇口头作文，当时她自选的题目就是"我最爱的国王"。一般的泰国学生大多说不到两分钟，而那三分钟，被她用得满满的，一边说一边泪流满面。记得她说，她不能理解不尊重、不爱戴国王的人，怎么会有人不爱自己的爸爸呢？

朋友圈继续被各种悼念刷满：

"感谢这个人，他让我们知道父亲的重要。"——一位泰国同事

"本国不是最好的国家，但本国有最好的国王。"——一位泰国同事

"你的孩子哭到心碎。"——一位泰国学生

"他把他的人民放在自己的肩上。此时此刻，你们深爱的国王希望你们坚强。"——在泰国生活、工作了八年的美国同事 Dale Yurovich（目前是一家私立国际学校的副校长）

截至本文交稿时，泰国举国上下已进入国丧期，所有国民都自愿换上了黑色衣服。

泰国总理府发布公告：（1）所有政府机构、国有企业、事业单位、学校等降半旗，为期 30 天。（2）所有公务员穿黑色衣服服孝一年，普通公民自愿服孝。（3）所有单位停止娱乐活动 30 天。

一位长者说：我们举国爱戴的国王，他不曾、也不会离开，他将在天国与我们同在，让我们更坚强。天佑泰国！

中国：我的第二故乡，我的福地

维媞妲·旺素帕功（聂慧铭）

（泰国 JSW Property and Development 有限公司和 Care Technology (Thailand) 有限公司董事，泰国商务部驻成都国际贸易办事处前商务领事助理）

张倩霞 译

2004 年，我从泰国清迈大学本科毕业后，就有了去中国学习的强烈愿望，因为中国是一个正在蓬勃发展的大国。我仔细研究了中国留学相关信息后，很快就下定决心去北京学习中文，那里成为我的中国印象之旅开始的地方。

到北京语言大学学习中文，让我在异国他乡遇到了真正的朋友。侯亚丽，一个可爱的内蒙古女孩，皮肤白皙，脸颊红彤彤的，为人积极乐观，是个直肠子。最重要的是，她待人非常真诚。那时，侯亚丽在我大学附近的一家旅行社工作，而我和亚丽姐的友谊从我踏进旅行社咨询旅游事宜时便开始了。

我下课后常做的事就是去找亚丽姐聊天，让人不可思议的是，我们俩每天都有各种有趣的事分享。学习的、家庭的、朋友间的、日常生活中的趣事，都是我们聊天的话题。放假时，我们俩常一起出去玩。那年五一劳动节放假，亚丽姐邀请我和她一起回内蒙。我特别激动，因为内蒙古一直是我内心向往的地方，一个我以前只能在电视剧里看到的地方。于是，我和妈妈、姨妈还有一个好朋友就跟着亚丽姐一起去了内蒙古。

就这样，我在中国的第一次旅行开始了。内蒙古地处中国北部，坐火车去需要一整晚的时间。由于我们去的时候正赶上五一假期，出行的人特别多，卧铺票已经售完，只剩下硬座票，这让我的第一次火车旅行成为一趟既让人兴奋又需要强大耐力的行程。我和亚丽姐一路畅谈，第二天早晨，我们到达了包头市。包头靠近阴山，矿产资源丰富，是内蒙古一座重要的工业城市。这里有100多种金属和非金属矿产资源，且煤炭储量较大，这使得包头及其周边的城市成为中国重要的煤炭产区，其煤炭产量占全国的25%。到了包头之后，我们还要再坐5个小时的大巴才能到亚丽姐的家。

我们一行人全都住在亚丽姐家，她的家人热情周到，把我们照顾得很好。从他们身上，我了解到许多中国的民族文化。亚丽姐的妈妈常会给我们做水饺和煎饺吃，还教我们包饺子。另一道不能错过的美食就是内蒙古名菜肥羊火锅。这次到内蒙古，我们体验了蒙古族传统的生活，还看到了蒙古包。我们骑着马纵情驰骋，还在草原上追逐野兔。到了沙漠，我第一次骑了骆驼。我们一边骑着骆驼在沙漠中穿行，一边欣赏着沙漠日落的美景，所有的一切让我兴奋不已。阳光倾泻在沙漠之上，把沙漠染成了金黄色，加上微风徐徐，置身其中，梦幻又浪漫。在即将结束沙漠之行的时候，我们还收到了个"意外惊喜"。当时我们正在和一头母骆驼拍照，不远处有一头公骆驼。突然间，那头公骆驼向我们冲过来，于是我们几个人一下子四散开来，往不同的方向拼命跑，一直跑到在远处停着等我们的车上。这可真是一场让人难忘的冒险啊！

在北京学习中文的一年时间里，我的生活幸福满满。真的要感谢亚丽姐，她就像我的亲姐姐一样关心照顾我，教会了我很多事情。她不仅仅教我中文，还让我明白了中国人的思维和生活方式及文化。

在学习语言期间，我常会利用空闲时间去做些兼职，比如做当地导游的陪同翻译。那时正好是泰国宋干节休假期间，有泰国团到中国旅游，旅行社就需要找会泰语的学生给当地导游做陪同翻译。我特别享受这次的翻译工作，因为来旅游的30名泰国客人特别可爱。借着这次做陪同翻译的机会，我游览了北京几处值得游玩的景点，如故宫、长城、天坛等。不仅如此，我还借此机会到其他城市玩了一圈。我的另一个兼职工作是在一个美容和SPA产品展销会上做翻译。这份工作是我本科的中文老师吉提吞介绍的。通过这份工作，我认识了泰国商务领事的助手董哥。

在结束了中文学习之后，我转到对外经济贸易大学国贸专业攻读硕士学位，为期两年。拿到硕士学位之后，我本想回泰国工作，但在和董哥见面聊过后，我留在了中国，并在中国工作了很多年。在这里，我必须向董哥表示感谢。为了让我积累更多的工作经验，董哥给我在北京介绍了一份工作。后来，泰国商务部在成都设立了国际贸易办事处，董哥就把吉拉帕攀·玛丽彤女士介绍给我认识。那时，她正准备到泰国驻成都

维媞妲（中）和侯亚丽（右）在四川甘孜海螺沟游玩时合影。

总领事馆商务处就任商务领事一职。

通过面试后，吉姐（吉拉帕攀）就让我担任她的助理。于是，我就来到了四川成都，开始了崭新的职场生活。这再次让我兴奋不已。我的主要工作是处理贸易、市场、工业、生产、进出口、各类规划条款的相关文件；组织安排泰国各类商品的促销活动。作为连接泰中双方进出口贸易的中间桥梁，我的工作还涉及为到成都洽谈贸易合作的泰国商人提供服务，比如举办泰中商务洽谈会，安排中国商务代表到泰国参加商品展销会，并为中国商务代表团在泰国寻找合作伙伴创造机会。

作为商务领事吉拉帕攀的助理在成都工作的那两年时光，到现在我依然记忆犹新。吉姐除了是我的领导，还是我的妈妈、我的朋友、我的姐姐。无论在工作上还是在生活中，吉姐一直在教导着我。吉姐一直是个好领导，她对工作负责，是工作问题的解决者；工作有条理，总是提前做好规划；做事有创新精神，愿意倾听不同的建议；不摆架子，尊重他人；支持团队里每个人的工作，不管是谁遇到困难，她都会伸出援助之手。每每想到与吉姐一起工作的日子，我的内心都会有一股暖流涌出。即使是到现在，从吉姐身上学习到的东西也让我受益匪浅。吉姐是个可爱的人，她的家人也很可爱，他们从不摆架子，待我们也不当外人看。

在人的生命中，不可缺失的就是朋友，有学习时期的朋友、餐桌上的酒肉朋友，也有旅行时的朋友，有爱我们的朋友，还有工作中的朋友。在所有的朋友中，除了同学以外，同事是我们花最多时间相处的朋友。一天 24 小时中，就有 8 小时和同事在一起。

我的第一个同事叫维拉婉·勒撒瓦塔娜蒙坤（小名叫美），泰国南部人，毕业于成都一所大学的中文专业。毕业后，美就在总领馆商务处做助理，于是我们俩有机会共事。跟美一起工作特别幸福，我们的工作氛围很温馨，工作中常常互相帮助。放假的时候，我们还经常一起出去玩。美让我在成都的职场生活充满了色彩，让我在成都的生活不再孤单。虽然我们俩现在不在一处，但我常常会想起我们俩在成都的美好时光。

不能不提的另一位同事是曾在一起工作过的中国朋友张涛。张涛在宁夏回族自治区银川市外办工作。我和张涛能有机会在一起工作，是因为有泰方公务团和展商到宁夏参加当地一年一度的盛大的清真食品展销会。我很开心能够和张涛一起工作，他出色的工作表现给我留下了深刻的印象。从他身上，我学习到了很多东西，明白了"工作伙伴"这个词的真谛，这里面包含着为人真诚、心胸宽广、控制好工作中的情绪，还有应对问题的能力。

不可否认的是，在事业发展取得成功这件事情上，工作伙伴和我们个人一样，起着同等重要的作用。工作中有一个好的搭档的话，同事间的互帮互助会让工作顺利完成。之所以在工

维媞妲与宁夏外办的
好友张涛合影

作中大家能够同心协力，是因为工作团队在工作中体现出的向心力对于工作完成的效率和成功起着至关重要的作用。

到成都工作成为我生命的转折点——我遇到了生命中的另一半。2008年，在宁夏的清真食品展销会举办之际，泰国北大年府与宁夏签订了建立友好城市关系的合作备忘录。来访的泰国代表团中有位名叫皮塔·裹佳皮塔的代表，他是北大年市的市长，是位平易近人的长辈。在那次活动中，受吉姐委托，我作为商务部代表负责代表团一行访问各事项的工作安排与协调。我和皮塔先生的初次见面就在银川的北塔寺。皮塔先生回国之前，跟我要了名片。没过多久，2008年9月17日，皮塔先生的儿子皮撒努·裹佳皮塔先生（小名叫霍）通过MSN与我取得联系，感谢我在银川对皮塔先生周到的照顾。从那天起，我和霍就常常通过MSN聊天。

到了10月，我回清迈探亲，而霍一家人也安排了到清迈旅行的行程。10月11日，我在一家名叫卡勒的餐馆见到了霍，还有他的妈妈、姐姐和正在清迈大学学医的妹妹，以及他们家的几个亲戚。通常，我会随身带着口香糖，当大家一起走在步行街上的时候，我就把口香糖分给大家吃。霍看到后，觉得他的家人多，把我的口香糖分完了，于是就在我们分手之前悄悄到7-11便利店买了口香糖，趁我要上车的时候塞给了我。当时，大家都有点懵，因为不知道霍悄悄给了我什么东西。那一瞬间，我对霍产生了好感。虽然事情很小，但他的细心周到给我留下了深刻的印象。

后来，我回到成都继续工作，而霍在曼谷工作，但我们俩一直通过MSN和Skype保持联系。2009年2月，霍到深圳公干。于是，他跟我说，他在深圳的工作结束后就会飞到成都，还提醒我别忘了曾经答应过他会带他去玩。我反问他，是他爸爸让他来找我，还是他自己要来找我。霍回答说是他自己要来找我。我明白他这次过来看我，其实是想请求我做他的女朋友。在带霍玩的一路上，我用了各种方法考验他的耐性，比如带他坐又旧又挤的面包车，带他走很远的路，而他看起来完全没有觉察。在霍回泰国的那天，我送他到机场，他进了机场之后给我打电话，说希望我做他的女朋友。我拒绝了他，对他说先保持朋友关系吧，如果后面我们发现彼此合适的话，再从朋友关系升华为男女朋友关系。

那天分别之后，霍继续和我保持着联系，早上上班前会打电话问候一声，到了傍晚（视情况而定）要么用电话，要么用Skype和我再聊一会儿。随着时间的推移，我们俩的关系越来越好。2009年4月，我又回到了泰国。我们俩见面时，我对他说我想回泰国发展。后来，我就从商务部辞职回到了泰国。回到泰国后，我和霍有了更多相处的机会，彼此间也有了更多了解。

与霍相识一年后，2009年10月7日，他给我打电话，

维媞妲带霍的家人在清迈步行街游玩时合影。

霍的爸爸（左）在他和维媞妲初次见面的地方——银川北塔寺留影。

再次请求我做他的女朋友。这一次，我答应了，因为我感觉自始至终霍的好都没有变。我们俩在一起大概两年的时候，霍撺掇着让我带他去宁夏，去那座我和他的爸爸初次见面的城市。2012年宋干节放假，我们俩出发去了宁夏。我只是履行曾答应要带他来的许诺，没想到霍是要在那里向我求婚。我们俩来到了我和他爸爸初次见面的北塔寺，来到了我们俩关系能够开始的地方，就在那里，霍向我求婚了。

霍是个好男人，简单，不找事儿，细心且善于观察，真诚，可爱，温暖，对我的关心照顾自始至终从未改变。他总能给我好的建议，是我的灵魂伴侣。他看待这个世界积极乐观，常给我带来欢笑，无论是幸福还是痛苦，他都一直守护在我的左右。霍有个温暖的家庭，有可爱的家人。霍对我说将会像爱护他的家人一样，一直爱我、照顾我。霍曾对我说，从他出生等到我们两人遇见的时候，生命已经过半（我们相识的时候，他已经30岁）。他希望下半辈子的生活有我相伴，就想像现在这样一直照顾我。霍对我说的话和做的事让我颇为感动。感谢中国——我的第二故乡，让我认识了霍的爸爸，从而让我认识了霍。我发誓我会爱霍，像爱自己的家人一样爱霍的家人。如今，我和霍已经组建了一个温暖的家庭，有了两个孩子，我们在一起幸福地生活。霍对我的好，从未改变。

中国，是我永远不会忘记的第二故乡，让我遇见真心朋友、找到真爱之人、拥有自己美好家庭的福地。每每回想起过去的时光，我都会会心一笑。在我的脑海里，有讲不完的中国趣事，而在中国所经历的一切，也会永远深在我的心田里。若有机会，我一定要再回中国看看。

我在泰国的日子

马 艺

（泰国 Sarasas 国际学校教师）

在泰国的第一天

2003 年 8 月，我受泰国皇家吞武里学院（现已更名为泰国皇家吞武里大学）的邀请，出任该学院工商管理系中文教师一职。我在中国读的是旅游管理，对老师这个职业是完全陌生的，但我也没有多想什么，简单收拾了行李，换了 1 万泰铢（当时人民币和泰铢的汇率是 1:4），就义无反顾地踏上了我的泰国之旅。我当时怎么都没有想到，这一去就是 13 年。

2003 年初到泰国时的
马艺

在此之前，我从没有去过泰国，以为只要会讲中文就可以在东南亚这些国家通行无阻。谁知道下了飞机才发现，泰国人只讲泰语，英语也只是辅助性的第二语言，并不是所有人都能用英文交流（当时的确如此）。这对我来说就成了大问题，泰文一句不会说，更不要提读写了。看着广告牌上密密麻麻的"蝌蚪文"，我心里不禁有些打鼓。办完入境手续，我拖着行李往外走，一路走一路后悔——放着收入丰厚的导游不做，偏偏来一个不讲中文的陌生地方当老师。可事已至此，就算是硬着头皮也要撑下去。出来机场大厅，见到了之前相识的一个泰国朋友，心里才稍稍平静了些。我们一同到外面打出租车，刚出机场，一股热气扑面而来。老早听人说过泰国很热，但没有想到居然这么热，热得让人喘不过气来。而最让我受不了的还不是这闷热的天气，而是在这潮湿的空气里夹杂着一股卷心菜的味道。我一向对卷心菜没有什么好感，这个味道实在是让我感到极其难受。走到出租车前，我已是满身大汗，也顾不上正在帮我把行李搬上车的朋友，一头扎进了车里，生怕慢一步就会融化在这湿热的天气里。一上车，我就被这车里的"另类"布置所吸引。司机在右座驾驶，方向盘旁的空台上供奉着大小不一的佛像，后视镜上缠着五颜六色的丝带，顶上有用白色粉末书写的类似符文之类的东西。后排靠背上还放着一些鲜花，还有一些僧人的照片贴在玻璃上。当我还在打量车内陈设的时候，朋友也上了车。司机缓缓发动车子，我们一行人便驶出了机场停车坪，往我的临时住所进发。

泰国的交通和中国完全不同，所有车辆一律靠左行驶。每一辆车的车速都很快，路上也看不到一辆自行车。但泰国人很遵守交通规则，不会在行驶途中随意变道，就算是要变道，也会事先打开转弯灯示意后方车辆，以免发生事故。在马路上行驶时，也几乎听不到"嘀嘀"的喇叭声，取而代之的是摩托车排气管发出的轰鸣声和车轮与地面的摩擦声。车窗外，骑摩托车的人头上戴着安全帽，脸上戴着口罩，手上戴着手套，身上穿着外套，一副如临大敌的扮相。他们不热吗？我心里这样想着。再看，高矮参差不齐的房子一排排林立在路两旁，有的很现代化，有的黑乎乎的，像是经历过一场火灾。房子前面树着密密麻麻的电线杆子，上面的电线和电话线交错在一起，形成了一道网。这道网一直延伸下去，看不到头。我问朋友，为什么那么多老房子政府不拆除重建呢？这样很影响市容啊。朋友笑笑说：在泰国，所有的土地和房屋都是永久产权，除政府占地外，产权一律归私人所有。除非是业主自愿出售，或者政府重金购买，否则谁都无权干涉或强行拆除，有的房屋已经是危楼，但业主不拆，就奈何不了他。这就是为什么在商厦林立的市中心商业区，人们常常会看到金碧辉煌的高楼旁边立着一幢又矮又黑的小楼。那个画面非常不协调，但谁都改变不了，政府亦是如此。明白了，永久产权，听上去很不错，但是到了50年或者更长时间后，我想谁都不敢住在那样一栋危楼里过日子吧。

一路聊，一路看风景，过了很长时间，车子才停在我的"家"门口。下车时，却发生了点小插曲。本来车上的计价表显示的数字是381泰铢，但是司机一定要500铢，大概意思是要收取小费。眼看朋友要和司机大打出手，我赶紧拿了钱给那个司机，让他离开。我并不是怕他，而是一心想着尽快进到屋里，因为我实在是受不了这燥热的天气。

我的临时住所是一座两层楼的连排别墅。听上去很霸气吧，但那是一个30多年的木质结构的房子，一楼的地板已经坏了，水电也没有通。二楼有两间卧室和一个洗手间，其中一间卧室是房东堆放杂物的，也就是说，我的"家"就只剩下那一间不到 30 平方米的屋子和一个洗手间。屋子里除了一盏日光灯和一个电风扇以外，没有任何家电。洗手间里没有热水器，只有一个淋浴喷头和一个马桶。马桶旁有一个类似水枪的东西挂在墙上，这东西我是从没见过，也不知道有什么用途。经朋友指点才知道，那是方便之后用来清洗的。出 3000 铢还想住什么样的房子呢？不管了，简单收拾了一下，发现天色已晚，为了答谢朋友，我决定当晚吃一顿丰盛的泰国大餐以示谢意。

初尝泰餐

第一次到泰国大排档，感觉挺"祥和"的。每个人都安安静静地吃饭，即使是在聊天，也是轻声细语，根本听不清他们在说什么。没有人把残渣剩饭往地上倒，也没有人一边喝酒一边猜拳。桌子上摆放着筷筒，但里面没有筷子，只有勺子和叉子。筷筒旁有四个连在一起的小杯子，里面装着辣椒粉、酱油、鱼露和辣椒水。一个纸筒，里面的纸可以随便用，不花钱。朋友叫伙计点菜，叽里咕噜说了一堆，我一句也没听懂。朋友见我一言不发，索性把菜单给我，让我点我想吃的。我打开菜单，原来里面有图片，看不懂也没关系，按图点菜。记得当时我点了一条鱼、一道烤猪颈肉、一盘蔬菜和一碗脆骨汤，其他的菜朋友来点。大约过了不到 5 分钟，蔬菜和烤猪颈肉就上桌了。也许是饿了，我没顾上朋友就自己先吃起来。蔬菜的做法和中国差不多，只是菜里放了很多蚝油，吃起来黏黏的；猪颈肉很香，肥而不腻，很爽口。接着又上来了鱼和汤，还有一盘凉菜，但看不出来是用什么做的，像是笋，又像黄瓜。朋友告诉我，这是泰国有名的小吃，叫 somtum（中文是凉拌木瓜丝）。我迫不及待地尝了一口，木瓜丝的酸爽配合着泰国小米辣，加上

烤猪颈肉

汤汁里红糖粉浓浓的甜味，三者各有特色，但又浑然一体，配合得天衣无缝。食材虽然简单，但在这样闷热的环境里，这道菜的确是可以令人胃口大开。吃了好几口，我才把目光转到那条鱼上面。鱼是鲷鱼，肉质鲜嫩，刺少，入口爽滑。厨师用辣椒、柠檬和葱作为辅料，加入少许清水，再放入锅内蒸透出锅。酸辣的味道再一次刺激着我的味蕾，半小时前的种种不快都被抛到脑后，我完全沉浸在这美食当中。

吃这么好的菜怎么能没有酒呢？泰国没有中国的白酒，由于气候原因，大多数人喝的是啤酒，也有人喝威士忌一类的洋酒。我是很喜欢喝啤酒的，在国内的时候，往往是"五瓶不够，六瓶差点"。今天也不能不喝点啊！让朋友帮点了两瓶啤酒，而且指明要喝泰国本地产的啤酒。不一会儿，一个服务员就拿了两瓶啤酒放到我们桌上。我仔细拿起来端详了一下，酒瓶子是褐色的，贴着白色的标签，上面写着"Singha"，一个金色的狮子图案被印在中间，看上去很高大上。我想都没想，拿着瓶子直接就喝了起来。这第一口刚到嘴里，就觉得苦涩难忍，和之前喝过的中国啤酒大相径庭。那个味道有点像中药，又有

柠檬酸辣鱼

凉拌木瓜丝

点像苦瓜汤，总之一句话——太难喝了！我强忍着嘴里的苦涩，勉强把酒吞了下去，然后赶紧吃了一口木瓜丝。可就在这时，我发觉嘴里居然有一丝淡淡的甜味，而这甜味又不是木瓜丝特有的那种甜，而是一丝甘甜。我顿时明白了，这就叫"一方水土养一方人"，本地酒就得配本地菜，只有这样，才能相辅相成，这才是最高境界。我再一次拿起酒瓶，慢慢喝了一口，但再也感觉不到之前的那种苦涩了，满嘴只剩下凉爽甘甜。我又一次畅快了。

直到今天，我还是很喜欢吃酸辣鲷鱼、木瓜丝，当然少不了来一瓶泰国啤酒。虽然现在我能找到很多其他的美食，但这"两菜加一瓶"依然是我的最爱。

生活不易

早上 5 点，手机的闹铃准时响起，今天要上班了。昨晚的泰餐在口中还留有余香，今天却要为生活打拼了。上班第一天，必须穿戴整齐、得体。简单洗漱之后，我换上了衬衫，套上西裤，蹬上刚买不久的皮鞋，脖子系上领带，拿着我的学历相关文件就出门了。5 点半，天还没有完全亮，朦朦胧胧的天色让我心情无比舒畅。天气也不热，所以走路的速度也就快了起来。我拦了一辆出租车，把事先准备好的印有大学地址的名片给司机看，在司机确认地址后，我坐了进去。为了避免昨天那种下车时狮子大开口，强行要小费的情况再次发生，我很生硬地对司机说了一句："Meter，please（请打表）。"司机看看我，也不说话，笑着打开了计价器，然后又看看我，大概意思是说：开了，满意啦？我没有心思去理他，一心想着我在泰国的第一个工作日会是什么样的。曼谷的确是"堵城"，5 点 35 分上的车，快 7 点才到大学。一路上只见各种大小车辆一步一挪地往前"爬"。不过还好，总算是没有迟到。

大学所在地位于曼谷老城区，外面街道狭窄，一来一去只有两个车道，显得很局促。进到校内，发现局促的不只是外面的街道，里面更是让人觉得透不过气来。整个大学占地不大，原因是曼谷寸土寸金，地价很贵。校内甚至没有篮球场，停车场也是设在教学楼的一、二、三层。如果要参观整个校区的话，那么用不了 3 分钟就可以结束。一路打听，找到了教务处，一位 50 岁左右的女老师接待了我，并带着我去找大学唯一一位中文教师——陈老师。陈老师40多岁，短发，穿着一身连衣裙，脚上穿着一双平底鞋。之后的日子里，印象中陈老师就没有穿过其他款式的衣服，永远是连衣裙加平底鞋。寒暄之后，陈老师告诉我，今天我并没有教学任务，因为第一天来，先让我熟悉一下环境，备一下课，等等。我没有提出什么异议，就跟着她去找我的办公室。大学里总共5栋楼，每栋楼之间都有楼梯相连接，我们很快就到了位于另一栋楼的工商管理系办公室。当时还没到上班时间，所以人不多。和几位泰国老师打了招呼，陈老师把我带到系主任办公室，准备和我谈下一步的工作安排和工资待遇等事宜。本来，在来泰国之前，我就已经询问过薪酬问题，但当时系里只说以泰国合同制教师待遇作为我工资的标准，因此我没有进一步追问。系主任很随和，也是40岁出头的样子，短发齐肩，面部表情不多，但透着一股威严。在简单自我介绍后，我出示了相关学历证明和其他的一些文件。主任仔细看完后，笑嘻嘻地对我说：因为你是本科学历，按规定，在大学任职必须是硕士以上学历，鉴于你所教授科目特殊，又是来自母语国家，所以大学破例把你招收进来。但工资标准只能按照普通文员或者助教标准来发放，你看你有什么问题吗？简单几句话，我已经有一种不祥的预感涌上心头。我小心翼翼地问：那具体是多少钱一个月呢？系主任点点头，拿出一份工作人员工资标准表，从上往下找了半天，终于在倒数第三行看见属于我的那个标准栏，然后她把表格递给我，让我自己看。正所谓人生处处有惊喜，可是当我看到工资栏里写着"6740铢"的时候，我觉得我是受到了惊吓。没有搞错吧？我狐疑地抬头看着她，但她给了我一个坚定的眼神，意思是说没有搞错。我第一次感受到了什么叫欲哭无泪。

　　来泰国工作，的确是机缘巧合。还记得那是一年以前，我们大学接待了一批泰国留学生，当时辅导员让我们15位同学负责这些留学生的起居饮食，还要在业余时间帮助他们提高中文水平。泰方带队的老师便是工商管理系的副主任占他汪老师。在交流即将结束的时候，占他汪老师问我想不想来泰国当老师。我当时不假思索地就说当然想。没想到说者无心，听者有意，一年后的今天，我真的来到了泰国，也真的当了老师。可让我没想到的是，我的工资标准竟会这么低，这实在让我无法接受。但是，事实就是这样，我只能选择接受。

从系主任办公室出来，陈老师已经帮我办完了所有的入职手续，只等着我签字。我拿着笔，一股酸楚从心底涌上来。陈老师看着我，语重心长地对我说：你要活下去，就必须在外面找补习学校，赚点外快。只有这样，才能保证正常的开销，才不会被饿死。就是这样一句话，彻底改变了我今后的泰国生活，也就是从那时起，我脑海里再也没有过周末这个概念。这种情况一直持续到今天。

但在刚开始的时候，想找一家补习学校是很难的。大多数学校都只聘请有经验的老师，像我这样的生手，多数都是要吃闭门羹的。记得有一个月的31号（大学是每月1号发薪），我早上穿戴好出发去上班，到了车站才发现身上只有40铢，连车费都不够。万般无奈之下，我只能选择请病假，理由是被车撞了。之所以选择这个借口来请假，是因为病假需要医生证明，而开一个医生证明至少需要200铢。说被车撞，只要不严重，就能顺理成章地在家休息。回到家，我一头栽倒在床上，过了许久，迷迷糊糊地听见外面传来大喇叭的声音，仔细一听，才知道是收旧家电的。我翻身起床，看了看屋里，只有一个电扇、一个买来不久的电饭锅和一个热水壶能算得上是电器。电扇和热水壶是万万不能卖的，一个是解暑用的，一个要拿来烧水泡面。只有电饭锅了！我拿着锅冲了出去，一番讨价还价后，我攥着250铢走进了7-11便利店。买了一碗泡面、三瓶啤酒、一包烟还有一卷手纸后，手里只剩下70铢。我回到家，吃完泡面，然后打开啤酒就喝，一口气喝完了所有啤酒。那天喝醉了，睡了整整一天。直到第二天早上工资到账了，我才又去上班。这个经历，我至今难忘。

不打不相识

到泰国第三年，一切都步入正轨，我换了一个工作单位，收入也增加了许多。这时的我已经能够用熟练的泰语和泰国人对话了，因此也结交了许多泰国朋友。就在这期间，我接到了泰国某政府部门的邀请，让我利用周六日的时间去帮公务员补习中文。说是补习，实际是从头教起，因为他们中很多人都是零基础。在此之前，我基本上没有和政府公务员打过交道，但我知道，这个工作不轻松。经过两周的认真备课，我底气十足地走进了政府大楼，开始了为期一年的教学工作。

第一天去，才知道我负责的总共有两个班：1班和2班。1班的学员年龄偏大，很多人都身居要职；2班的学员相对来说较为年轻，多数是刚刚参加工作不久的俊男美女。1班周六上课，从早上7点半开始，一直到下午5点半结束；2班是周日上课，课时相同。第一次走进1班教室的时候，我就觉得有一种莫名的压抑感笼罩着课室。大部分人都面无表情，就连我从他们身边经过，他们也是对我视而不见。等了一会儿，我起身准备上课。第一堂课我准备的内容是介绍中文基础知识，顺便再讲解一些简单的中国文化，让他们对中国以及汉语言文化有一个大致的概念。就在我兴致勃勃地讲解中国风俗的时候，一个"大叔"很生硬地打断了我，向我提了一个让我感到很难堪的问题：为什么中国的卫生间都那么臭，难道中国人都很喜欢那个味道吗？还有，为什么中国人讲话总是那么大声，让人觉得是在吵架，而不是说话。话音刚落，班上的其他学员就开始窃窃私语起来。有的人甚至双手抱在胸前，看着我冷笑。虽说我当时年纪不算大，但这一番话足以让我怒火中烧。我稍微定了定神，目不转睛地看着刚刚对我提问的"大叔"说道："刚刚提到的两个现象在我的国家的确存在，我不否认。但在我看来，一个国家的文明程度是不能仅仅拿洗手间来作为判定标准的。中国人口众多，不可能保证每一个人都拥有极高的素质，但是中国的政府职能部门从没有放弃过改变这一状况。当你在中国的时候，你是不会为找不到厕所而发愁的，因为我们的政府为了杜绝随地大小便这种不文明现象，在公共场所设立了很

现在的马艺

多的公共卫生间。虽然可能有些地方的卫生间不是那么干净，但至少解决了众人的燃眉之急。"我顿了顿，接着说："我来泰国三年了，每次我内急的时候，我都只能去最近的加油站或者商场超市的卫生间，因为只有这几个地方有公用厕所供人使用。如果刚好附近没有加油站或者商场超市，我就只能选择忍耐，当然，我还可以选择就地解决。庆幸的是，到目前为止我还没有遇到过这种比较尴尬的状况。但在很多时候，我的的确确看到过有的泰国出租车司机因为找不到公厕而在路边就地解决。那么请问，你们大家认为是在环境较差的公厕里方便比较文明些，还是在众目睽睽之下方便文明些呢？"我一口气说完这些话，顿时觉得轻松了许多。再看他们，一个个面红耳赤，有的张着嘴巴想说话，但始终没有发出声音。我和他们就这样僵持了很久，直到有一位 50 岁左右的阿姨站起来打圆场，这场"战斗"才算是告一段落。

接下来的时间，我还是认真地讲我的课。午饭后，那个"大叔"找到了我，他拍拍我的肩膀，然后对我说："你是第一个敢和我这样讲话的年轻人，而且是一个外国年轻人。但是我很佩服你敢说敢讲的这种勇气。我为我刚才所说的向你道歉。"说完他伸出手，我也马上和他握了握手。一场矛盾就这样化解了。事后很长时间我才知道，那位"大叔"是一位副部长，位高权重，在部门里很有威信。现在想想，我仍然觉得我当时没有做错什么，兵来将挡，水来土掩。人活着不就是争一口气嘛！当年我年轻气盛，现在我已然不年轻了，但"气"还是有的。

由于篇幅有限，我暂且和大家分享这么多吧。其实，我还有很多故事想和大家说，有哭、有笑、有悲、有喜，总之五味俱全。谁的人生不是这样的呢？大家各自有各自的故事，如果有机会的话，我们再一起分享吧。

人物篇

我所认识的泰皇
普密蓬·阿杜德

段立生

（中山大学教授、云南大学泰国研究中心首席专家）

2016 年 10 月 13 日，泰国王宫宫务处发布公告，国王拉玛九世普密蓬·阿杜德逝世，享年 89 岁。泰国举国悲痛。

普密蓬·阿杜德是泰国曼谷王朝第九世皇，号称拉玛九世，1946 年登基，在位 70 年，是泰国有史以来在位最久的一位国王。他勤政爱民，敦厚仁慈，学养丰富，神武睿智，深受泰国人民的爱戴。根据泰国宪法规定，国王是泰王国的国家元首、武装部队的最高统帅和宗教的最高护卫者。国王至高无上，任何人不得侵犯或在任何方面指责国王。国王通过国会、内阁和最高法院行使国家权力。泰国的政体是君主立宪制，有君主，但不专制；宪法为大；政治上朝着民主、法治的方向不断进步。

我作为一名专职研究泰国历史的中国学者，先后在泰国工作、生活了十余年，其间有机会多次与泰皇接触，他的人格、品行、学识、风度、思想、气质给我留下深刻的印象，刻印在脑海之中，永难磨灭。如今，这一幕幕如电影镜头般浮现眼前。

（一）

我第一次见到泰皇普密蓬·阿杜德是在 1983 年。我应邀到清迈大学历史系讲学一年，是中泰建交后第一个被派到泰国讲学的中国教师。那天，泰皇到清迈大学视察，全校师生列队欢迎。我亦站在欢迎队伍中，心想：国家元首驾到，一定有很大的排场。平时看惯中国古装戏曲，皇帝出场，前呼后拥，十分了得。李白诗曰："谁道君王行路难，六龙西幸万人欢。"奇怪的是，泰皇来到的时候，轻车简从，一点儿也不威风。他身着一身米色西装，由校长陪同，款款而行。我迎上前去，给他拍照，也不见有人出面阻拦——似乎没有保镖警卫，或许是见我是外国人而格外开恩，我一时也弄不明白。总之，我觉得他很平易随和，这就是第一次见面的印象。那年泰皇56岁，年富力强。

后来，与清迈大学毗邻的泰国山民研究中心请我去作《泰国的木赊与云南的拉祜族》的学术讲座。泰国的山民就是我们所说的少数民族。泰国除了主体民族泰族居住在河谷平地外，其他少数民族皆住在深山老林，故称山民。因此，我便有机会随他们进山考察。清迈以北的山区就是盛产鸦片的"金三角"，位于湄公河沿岸的泰、缅、老交界处。泰皇普密蓬·阿杜德在那里推行"替代种植"的政策，即出钱出力鼓励山民用经济作物替代传统的鸦片种植。山民研究中心的朋友带我来到一座小山头上，告诉我说，泰皇曾亲自来到这里，和山民们一起规划，将漫山遍野的罂粟花铲除，种上橡胶树苗。此事已经过去若干年，如今胶树已有一人多高，胶农还在娓娓追述那天泰皇来时的情景，记忆犹新。

（二）

1993年，泰国华侨报德善堂董事长郑午楼先生邀请我去泰国协助创办华侨崇圣大学，我因此在那里工作了8年。由于郑午楼先生的引荐，我有缘多次与泰皇接触。

郑午楼先生与泰皇关系非比寻常，因为他既是著名的侨领，又是金融巨擘，身兼数职，经常需要觐见泰皇。泰皇对午楼先生亦很倚重，许多事情都向他征询意见。他们之间私交甚笃，每逢午楼先生过生日，泰皇都要召他全家进宫，以示祝贺。

有一次，我随午楼先生进宫。本来，曼谷王朝从一世皇到八世皇都居住在湄南河畔的大皇宫，1946年八世皇在大皇宫遇刺身亡后，九世皇就搬到新建的集拉达皇宫居住，将大皇宫留作旅游观光胜地。集拉达宫与大皇宫的建筑风格和样式完全不同，大皇宫十分雄伟，色彩斑斓，极尽奢华；集拉达宫则比较低调，不彰显，所有建筑物都掩盖在绿荫丛中。集拉达宫外面由一道四方形的城墙包围起来，沿着城墙是一条人工挖掘的护城河。每隔一段距离设有岗亭哨所，由持枪卫兵守护。四面皆有大门，门前是跨越护城河的通衢大桥。进宫需要事先批准和预约，验明身份后，我们乘坐的汽车按规定的时间、循规定的路线缓缓驶进皇宫。皇宫的面积很大，有稻田，有菜畦，有牧场，有乳牛……完全像来到农村一样。正当我显露出一副惊诧莫名的样子时，同行的朋友告诉我，国王在皇宫里搞农业试验田，皇宫卫士充当农业工人。这使我想起一句唐诗："圣主躬耕在籍田，公卿环卫待丰年。"泰皇跟中国古代的天子一样，都承袭了重农务本的传统。

泰皇普密蓬·阿杜德拥有中国血统，这是众所周知的事实。他的母亲诗纳卡琳皇太后祖籍中国海南，1900年出生于泰国的华人家庭。其父从事金箔制作，家境富裕。她17岁时被送往外国留学，学习护士，遂有缘结识玛希隆王子，并于1920年与王子结成连理。她善良、坚强，具有非凡的人生阅历，是八世皇和九世皇的生母。她乐善好施，深受泰国民众的敬爱。她活了90多岁，去世时全国哀悼，在曼谷皇家田搭棚治丧，历时百日。下葬的时候，泰国的华侨华人还专门按照中国的传

诗纳卡琳皇太后的中国式葬礼

统仪式为她举行下葬礼。诗琳通公主手捧皇太后骨灰盒走过望乡桥。所有操办丧事所需物件，如经幡纸钱等，都是郑午楼先生专门派人去香港采购的。仪式隆重庄严，数千泰华僧俗参加，我们华侨崇圣大学的师生也参加了悼念活动。

（三）

1990年12月6日，在筹备泰国华侨报德善堂80周年堂庆的会议上，郑午楼董事长宣布，准备将报德善堂辖下的华侨护理学院扩大为综合性的华侨崇圣大学。他率先以先父郑子彬的名义捐献1亿泰铢（400万美元）作为建校经费。此话一出，石破天惊，泰华企业家踊跃输将，很快就凑足建校资金8亿铢，还不包括报德善堂捐出的140莱（350亩）校园土地的地价在内。午楼先生利用他个人和泰国皇室之间的亲密友好关系，把华侨崇圣大学创办的情况如实上奏泰皇，泰皇亲自为这所大学定了一个泰文名字：มหาวิทยาลัยหัวเฉียวเฉลิมพระเกียรติ。

午楼先生在感恩庆祝酒会上说："我们在泰国落地生根的华侨华裔，深切感念宠蒙泰皇陛下的圣德庇荫，才能获得安居乐业、发展繁荣，过着太平愉快的生活。所以，我们应该对泰皇陛下表达崇敬尽忠，对泰国的恩惠有所回馈、有所效劳。同时，我们又感到教育的重要，育才造才是一个国家的基本要务，为了对国家的教育有所贡献，也为了维护及沟通中泰两族优良的文化传统，发扬我们东方儒释哲学的伟大思想，并融合西方的文明、先进的科技学问，所以才发起倡建这个大学。"

午楼先生提出以"崇圣报德"作为华侨崇圣大学的校训。一方面，"崇圣"是指华侨崇圣大学，"报德"是指华侨报德善堂。两个单位有机结合在一起，说明华侨崇圣大学是由报德善堂基金会创办的。更重要的另一层含义是，"崇圣报德"四个字指出了培养学生的方向，就是要教育学生崇敬皇室，崇敬以儒家和佛家为代表的东方传统文化，学习西方现代科技文明，以便将来报答国家和人民的养育之恩。

"崇圣报德"四个中文字，经诗琳通公主亲笔书写，镌刻在校门石牌楼的背面，使全校师生出入校园时举目可见，永远铭记。

1994 年 3 月 24 日，泰国华侨崇圣大学举行隆重的揭幕仪式，泰皇普密蓬·阿杜德亲临参加，北京大学季羡林教授、香港著名学者饶宗颐、美国加州大学校长田长霖、台湾摄影大师郎静山、后来的诺贝尔奖获得者高琨等硕学名儒应邀出席。

临近正式揭幕的前一个星期日，午楼先生率领所有捐赠 1000 万铢以上的泰华企业家，以学校创办人的身份到校园里视察。他们沿泰皇将要经过的路线演习一遍，唯恐有什么差错，连大礼堂的台阶偏高，都叫人重新修过。午楼先生那年已经 80 高龄，依旧登高攀下，不辞辛劳。从午楼先生身上，可见华侨华人对泰皇的尊敬与爱戴。

3 月 24 日下午，从挽那至达府的高速公路上，十里彩旗不断。川流不息的车辆，把数以万计的人载到华侨崇圣大学参加揭幕庆典。在郑午楼先生捐赠 1 亿铢建起来的大礼堂里，1000 多个座位座无虚席。宽敞的舞台上，临时支起 120 张椅子，供校董会成员和赞助人就座。舞台正中是泰皇陛下的御座，左侧是香案佛龛，僧王亲率数名高僧在那里盘膝而坐，准备诵经。舞台四周饰以鲜花彩绸，光彩夺目。

下午 4 点 15 分，国歌乍起，泰皇普密蓬·阿杜德在郑午楼先生的陪同下步入会场，全场起立相迎。音乐停，场内一片沉寂，静得仿佛能听见自己的呼吸。泰皇行至佛龛前，合十膜拜，亲自点燃蜡烛。霎时，梵音四起，僧王率众念经，气氛肃穆。及至泰皇坐下，诵经之声戛然而止。

郑午楼先生以华侨崇圣大学筹建委员会主席的身份致辞，报告建校经过。校董会代表甲森博士讲话，谈学校现状和远景规划，获全场鼓掌通过。

接着，泰皇走出会场，与守候在礼堂外的数万群众见面，并为圣大纪念碑揭幕，亲手种下一株菩提树；然后返回会场，向捐款 1000 万铢以上的圣大发起人颁发纪念品。简短而隆重的揭幕式遂告结束。

随后，郑午楼先生引路，陪泰皇和贵宾参观学校的崇圣纪念馆。这座纪念馆是由泰华慈善家谢慧如先生捐资修建的。大门上端悬挂着诗琳通公主亲笔书写的四个中文大字：崇圣报德。泰皇问旁边的人："公主的字写得怎么样？"大家齐声赞好，泰皇面带喜色。

崇圣纪念馆通过图片和实物展示了中泰文化交流史。泰皇对每件展品都很关注，当他得知最早一位将中国著名小说《三国演义》译成泰文的人并不懂中文时，大吃一惊，指示要组织人力重新翻译这部在泰国影响极大的小说。泰皇还仔细询问了早期潮州人移居泰国所经过的路线。泰皇说，公元13世纪访问中国的意大利人马可·波罗，很可能也到过泰国。泰皇浓厚的兴趣使他在纪念馆停留的时间超过原定计划2小时，数千学生和家长依然秩序井然地在外边恭候。泰皇特别接见了来自中国的客人。当他得知来自台湾的郎静山老人已经104岁了，便向其询问养生之道，平常吃些什么。郎老回答说："两条腿的东西不吃——是人；四条腿的东西不吃——是桌子；天上的东西不吃——是飞机；海里的东西不吃——是潜水艇。一切听其自然，不去勉强。"午楼先生把郎老的话译成泰文，泰皇听了哈哈大笑。

送走泰皇，已是晚上7点。饶宗颐先生颇有感触地说："经过这次庆典，方知庄严为何物。"佛家所谓的庄严，包含功德与文饰两层意思。

泰皇普密蓬参加华侨崇圣大学揭幕仪式。

（四）

泰皇参加华侨崇圣大学的揭幕庆典后，亲自给华侨崇圣大学下达了两个科研题目：（1）公元13世纪意大利旅行家马可·波罗是否来过泰国；（2）泰南华人聚居区的研究。

关于第一个题目，泰皇不知在哪本书里看到，马可·波罗受忽必烈汗之托，曾到泰国打探虚实。华侨崇圣大学的校长把这个题目交给我做。说实在的，尽管我们过去对马可·波罗的事迹耳熟能详，也知道他所游历的一些国家和地区，却从来没有想过他是否到过泰国，一时也拿不出什么证据。接到任务之后，我只有把《马可·波罗游记》的5种中文译本找来作对比研究。归纳起来，马可·波罗的行程主要有：

1. 由欧洲经陆路至中国。

2. 由元大都（北京）经四川、云南到缅甸、老挝。

3. 由元大都顺运河南下到达扬州、苏州、福州、泉州等江南一带。

4. 出使印度和东南亚地区。

5. 由泉州经海路回威尼斯。

如果说马可·波罗真的到达过现今泰国地区的话，那么很有可能是在上述行程中的第4项，即出使东南亚的时候。

冯承钧译本《马可·波罗行纪》下册第163章说："自爪哇首途向南航行七百哩，见有二岛，一大一小，一岛名桑都儿（Sandur），一岛名昆都儿（Condur）。此处无足言者，请言更远之一地，其地名称苏哈惕（Soucat）。"冯氏在苏哈惕下作注曰："案：地学会法文本亦作Lochac，与剌木学本合，则此本所著录之Soucat，应误——钧案：此下沙氏历引罗越、罗斛、罗刹诸说，皆未加以论断，此地或属暹罗，以昆仑山等岛并属传闻之地，故语皆不详也。"

与上面引文相同的一段文字，在陈开俊等人译本《马可·波罗游记》第3卷第7章中说："离开爪哇岛，向南和西南之间的航线航行1126公里，就可以到达两个岛屿，大的叫桑杜岛（Sondur），小的叫康杜岛（Knodur），这两个岛屿渺无人烟，所以没有必要多费笔墨。从这两个岛回去东南方向航行80公里，又可到达一个广阔而富饶的省份，这个省是大陆的一个组成部分，名叫罗斛国（Locac）。"

这里所说的罗斛国，就是公元12—14世纪以现今泰国的华富里（Lopburi）为中心的一个古国，足见马可·波罗确实到过泰国地区。我将研究结果写成《马可·波罗的罗斛国之行》一文，在泰国发表，并经校方转呈泰皇。

至于泰皇下达的第二个科研题目，郑午楼先生十分重视，由甘妮咖校长牵头，组成一个课题小组，包括原泰国国家博物

庆祝中泰建交40周年暨玛哈扎克里·诗琳通公主殿下60华诞泰学研究在中国学术研讨会

馆馆长巴通、泰国著名学者普彤和我本人等，专程赴泰南格龙清居民聚居区考察。泰国军方派直升机载我们去到交通不便的地区，收集了大量的考古文物资料，撰写了《格龙清和普槐清居民聚居区的形成——华人：历史、文物、居民和文化》调查报告，被《古城》杂志称赞为"迄今为止泰国最好的一部学术著作"。1998年3月10日，诗琳通公主在皇宫发展边疆大厦接见了科研组的全体成员，并对她的学术秘书说："以前误认为对妈祖的信仰跟道教有关，其实错了。段立生教授在书里对妈祖的来龙去脉说得十分详细，没有人有他说得清楚。澳门叫妈阁，也跟妈祖有关。"（见曼谷《亚洲日报》佛历2541年3月22日版）

泰皇和公主对学术研究这样重视，是对中泰学人的激励和鼓舞。他们渊博的学识、孜孜不倦的好学精神，亦是中泰学人的楷模。

俗话说，"见微知著"，从上面几桩我亲身经历的小事，可以感受所包含的含义之大。

2014年4月，段立生教授（第三排正中）参加北京大学为庆祝中泰建交40周年暨诗琳通公主60华诞举行的"泰学研究在中国"学术研讨会。

当之无愧的友好使者

——记诗琳通公主荣获"中国缘·十大国际友人"称号

管 木

（中国前驻泰国大使）

2009年11月下旬的一天，结束了接待国内领导人访泰后，我正在赶往机场准备返回曼谷的路上。这时，我的手机铃声响了，是一位媒体朋友从曼谷打来的。她称刚刚获悉一条重要消息，诗琳通公主殿下被评选为"中国缘·十大国际友人"，希望对此予以核实。我当时虽尚未得到国内主办单位通知，情况不明，但坚定地表示，诗琳通公主殿下是中国人民的亲密朋友，长期为中泰友好作出了突出贡献，她的名字在中国家喻户晓，早已为中国人民所熟悉。她获此荣誉是我们的愿望，也应是我们能够预想到的结果。

2009年是中华人民共和国成立60周年大庆之年，中国政府和各界都组织了隆重热烈和异彩纷呈的各种庆祝活动。其中，由中国人民对外友好协会协同中国国际广播电台、外国专家局联合举办的"中国缘·十大国际友人"网络评选，就是一项十分重要和影响广泛的活动。这项评选活动旨在纪念和表彰为新中国的成立和建设作出过卓越贡献的国际友人。由于评选活动通过互联网投票进行，群众参与十分广泛，也非常踊跃。根据最后统计，上网投票的人数多达5600万。评选结果公布后，在获选者名单中，诗琳通的名字赫然在目。其他九位获选的国际友人是白求恩（加拿大）、拉贝（德国）、萨马兰奇（西班牙）、斯诺（美国）、李约瑟（英国）、爱泼斯坦（波兰，后入中国籍）、路易·艾黎（新西兰）、柯棣华（印度）、平

2009年12月8日，中国全国政协主席贾庆林在北京人民大会堂会见泰王国诗琳通公主等"中国缘·十大国际友人"当选者和当选者代表或亲属并与他们合影。（供图：中新社）

松守彦（日本）。

　　我回到曼谷后，即第一时间向国内有关部门核实上述消息，得到确认后，我立即正式通报给诗琳通公主，并向她表示衷心祝贺。未几，我们得到通知，中国主办单位将于12月8日举办"中国缘·十大国际友人"颁奖典礼。诗琳通公主殿下被邀请前往北京出席典礼并接受称号。这时，我们担心的是时间已非常紧迫。公主殿下一向十分繁忙，活动日程往往都安排到了一个月以后。而且，在北京举行典礼的时间与泰国庆祝国王陛下寿辰暨国庆系列活动的时间也非常接近，甚至可能重叠。就在我们为此而焦急等待的时候，公主办公室很快传来消息说，公主殿下对她的原定日程作了重大调整，决定专程前往北京参加典礼，活动结束后当天即返回曼谷。听到这个消息，我感到如释重负，我们即刻就公主此行开始了紧张的协调安排。当时我们犯嘀咕的是，公主决定"当天往返"，来去10个小时的

飞行，加上在北京的一系列重要活动，需要耗费多大的精力和体力，她的身体能吃得消吗？事后，公主在谈到她当时的心情时说：当得知获选"中国缘·十大国际友人"后，我特别注意到其中多数人都已故去，健在的仅有两人。另一位健在的也已因年迈体弱坐上了轮椅，而唯独我一个人仍然健康，精力和体力尚较充沛。鉴此情况，我更要亲自前往北京参加这场具有重要意义和影响的活动，以不辜负中国的组织者和广泛参与的中国民众。公主最终决定乘专机于12月8日凌晨5点起飞前往北京。

8日凌晨4点刚过，我就匆匆出发前往廊曼机场为公主送行。12月的曼谷已进入凉季，凌晨4点多离天亮还早，空气里明显感觉有丝丝凉意，但我被诗琳通公主这种可贵的精神深深感动，觉得心中荡漾着一股股通心透体的暖流。当公主抵达并出现在机场贵宾室后，她满脸绽放的微笑一直感染着所有在场的人们，让大家共同分享这份特别的喜悦和快乐。

抵达北京后，公主殿下就马不停蹄地开始了繁忙的一天。时任中国全国政协主席贾庆林亲切会见了诗琳通公主殿下和当选的"十大友人"亲属或代表，并单独向公主殿下颁授"中国缘·十大国际友人"奖章和证书。贾庆林主席满怀深情地说，中国人民没有忘记在新中国成立和建设过程中给予我们帮助的各国朋友，"中国缘·十大国际友人"评选活动得到了中国民众的积极参与，引起了强烈反响。这是中华民族重情感恩、不忘朋友传统美德的集中体现。诗琳通公主回应说：虽然今年我已访华三次，但得悉自己获得"中国缘·十大国际友人"称号，心里特别高兴和兴奋，感到获此奖项意义非凡，遂决定亲自来华领奖。在颁奖典礼上，诗琳通公主殿下代表全体当选者用中文发表致辞。她说，这次评选活动表明，中国人民一直没有忘

记曾经帮助过中国的老朋友，这些国际友人始终被中国人民铭记于心。她还说：我曾从书本上或别的渠道了解到其他当选人的事迹，觉得他们都是值得尊敬的人。我为自己能够与他们一同当选而感到骄傲和自豪！

结束北京一天的繁忙活动，诗琳通公主按计划即于当天乘飞机返回曼谷，抵达时已是子夜时分。在迎候公主时，我心里还在想着公主"当天往返"的事，她一定疲劳至极，不知走下飞机时将是一番什么样的情景。让我没想到的是，刚刚走下飞机的公主殿下依然步履轻盈，精神抖擞，看不出有任何疲态和倦意。我想，这应该就是"诗琳通精神"吧。后来我几次同公主见面，她都愉快地回忆起这段往事，言语中仍然透着一份满足和自豪。公主说：多年来我得到的外国各种荣誉称号难以数计。尤其感谢中国人民的深厚情谊，他们也给了我很多荣誉。而我最为珍重的还是"中国缘·十大国际友人"这个称号，因为它承载的是中国广大民众对我为泰中友好所作努力的褒奖和鼓励。

晚宴前，诗琳通公主兴致勃勃地挥毫写下"志存高远"4个毛笔字。右1为管木大使。（供图：中新社）

　　泰国政府对诗琳通公主殿下荣获"中国缘·十大国际友人"称号也非常重视，并在总理府举行了专场庆祝大会。泰国时任总理主持大会，并在致辞中高度评价诗琳通公主殿下为国事殚精竭虑、为泰中友好竭力倾心的精神，称她的功绩将为泰中两国人民所铭记。大会现场展出了诗琳通公主殿下获得的"中国缘·十大国际友人"奖章和证书，以及公主历年访华的图片，同时，还精心布置了代表中泰传统文化的景观模型，播放了记述中泰友好的电视片，满场都洋溢着"中泰一家亲"的浓浓情谊。

　　与此同时，中国大使馆联合泰中友好协会，也在使馆隆重举行了庆祝诗琳通公主荣获"中国缘·十大国际友人"称号大会。公主殿下亲自出席，并在大会上用中文发表致辞。她说：我曾经写过一首诗："中泰手足情，绵延千秋好。采花相馈赠，家国更妖娆。"这首诗足以表达我的心情和愿望。我衷心感谢中国人民对我的认可和厚爱，也十分珍惜作为中国十大国际友人的荣誉。我会继续为推进泰中友谊而竭尽全力，作出更大的贡献。

汉语学习与 Mr. Chengdu

关国兴

（成都大学外国语学院泰国专家、成都大学国际合作与交流处
泰国部主任）

张倩霞 译

　　我出生在泰国曼谷，从记事起，我和我的家人就被邻居家的朋友称为"中国人"。我的父亲是中国广州人，至今未加入泰国国籍，但我的母亲却是地道的泰国人。那时候，我的爷爷奶奶年事已高，他们之间的交流用广东话，父亲和亲戚朋友在家也用广东话聊天（小时候，我分不清什么是汉语普通话、什么是方言，长大之后才知道他们说的是广东话），说了些什么，我也听不懂。而家里的其他成员之间，比如父亲和母亲、我们和母亲、我们兄弟姊妹之间都用泰语交流。从小我就知道我们家与众不同，因为在我家所住的椰子园村里，只有我们家有人会说汉语，也只有我们家会祭拜中国庙、祭拜月亮、过农历春节。当然，我最喜欢的是春节时发的红包。

　　尽管椰子园村是泰国人聚集的村子，但也有供奉着中国神像的庙。每当有庙会活动的时候，就会有中国的戏剧表演供大家欣赏。从剧团工作人员开始敲锣打鼓，我就拿着椅子去占位子，并自始至终看完表演。村里的泰国人也来，但也就是待一会儿，因为他们听不懂。他们说，祭拜神仙的戏剧是表演给神仙看的。所以，等表演完毕，一般就只剩下我和来自其他地方的年龄比较大的泰国华人，全部加起来也不超过 10 个人。当然，我也听不懂，但我喜欢他们的打扮、唱腔和音调。戏剧中所使用的汉语不是我们家所说的广东话，没有一句话是我所熟悉的内容。

小学阶段，就读于当地的一所普通学校，学校的师生大部分是泰国人。之所以说大部分是泰国人，因为还有不少没有使用原中国姓氏的华裔，而我从小就使用中国人的姓氏——关。那时我发现，朋友们说的汉语和我说的发音是不同的，长大之后，我才知道他们说的是潮州方言。

　　我的母亲在姑姑家附近的巷子里做点小生意，那条巷子里居住的大多数是中国潮州人。放假的时候，我会帮母亲卖东西，巷子里的人都用我听不懂的潮州话聊天。有趣的是，尽管我的母亲是地道的泰国人，但因为长期在那个区域做生意，多年以后母亲已经能说许多潮州话了。

　　那个巷子里经常会播放中国歌曲，我经常听，慢慢变得十分熟悉，也喜欢那样的音乐、那样的旋律，虽然根本不知道唱的是什么。那时的我，非常想知道歌曲的内容到底是什么意思。去请教大人们，他们却总是微笑着说这是用汉语普通话唱的歌曲，他们是潮州移民，也一样听不懂，之所以播放这些歌曲，是因为他们是或曾是中国人。有一些华裔家庭的老人喜欢在家听戏剧。我放学后帮助母亲卖东西，也就有机会一会儿听中国歌曲，一会儿听戏剧。

我喜欢去村子的庙里玩，认认真真地看各种各样的神像，虽然看了之后也不知道是谁，是什么神。庙里的墙上画着许多图画和汉字，我很想知道怎么读，代表什么含义。特别是庙里有活动的时候，就会有老人来写汉字。他们不用钢笔，而是用毛笔写字。我们学校里有用毛笔画画，但他们用来写汉字的毛笔和我们画画的毛笔不同。我喜欢站在旁边看他们写汉字，也想自己去写一写。

　　我父亲不曾教过我说汉语和写汉字。在那个年代，人们也不能公开学习汉语，只有少部分人能去老师家里偷偷地学习，学费也十分昂贵。我高中的时候开始思考，等我毕业时，一定要懂得一门外语，这样和其他同学比起来我才有优势。我认真分析，当时英语是必修课程，我的英语水平也基本够用，就算我把英语学得更精通，也一定有人比我的英语更好。为了减少竞争对手，我必须学习另一门外语。我左思右想，觉得应该学汉语，因为这是我从小就喜欢但一直没有机会学习的语言，这次我一定要试一试。

　　我去书店寻找汉语教学的书籍，发现种类很少。有些书不太看得懂，有些书被书店用塑料袋包装起来不允许打开，价格也很贵。最后，我找到了一本被放在角落里的《76小时快速学汉语》，虽然看上去不太值得相信，但翻了翻感觉容易理解，价格也便宜，于是我就买了。我按照书上的要求，每天至少花2—3小时背诵词汇和练习写汉字。没有人教我应该怎样写汉字，我便用绘画的方式来写。到了高三，我把所有空余的时间都用来练习写汉字、说汉语（练习普通话发音），并根据书上的例子照着镜子练习对话。上学时我原本喜欢坐前排，但后来只要是社科或文科类的课程，我就跑到后排坐去，当觉得老师上课无聊的时候，我便会偷偷在桌子底下练

泰国庙会上的潮州戏

习写汉字。每当我认真学习汉语的时候，总会有些朋友取笑我，问我学来干什么，学好了要去做导游还是去演戏。那时候，我也不知道学会汉语之后要用来干什么，但我坚信以后找工作的时候，会英语和汉语两门外语的我比其他人更具有优势。高中毕业的时候，我已经可以用汉语写短文，也能进行简单的对话了。我不知道我说得对还是错，但我知道我能根据汉语教材的要求来说汉语。

我继续自学汉语，直到 1994 年大学毕业。事情的发展没有让我失望，因为能讲汉语，我十分轻松地就找到了一份不错的外企的工作。我面试的那家外企，需要懂三种语言，即泰语、汉语和英语。由于有语言的优势，我实习期间便拿到了相当于大多数应届本科毕业生 2.2 倍的工资（我的实习工资为 9000 铢，按当时 1:3 的汇率，大约为 3000 元人民币。当时本科生就业平均每月的工资大约为 3500—4000 铢）。

三年后的 1997 年，泰国遭遇了金融危机，泰铢与美元的汇率从 1:25 变为 1:54。当时，我已是一家有上千员工的大型公司的人事部经理，尽管在这场危机中不会受太大的影响，但我想从事有更大挑战的工作。我将这次危机视为机遇，在国际货币汇率浮动的形势之下，从事可以创汇的工作才更具挑战。我和朋友商议后发现，国际旅游业是那时最容易创汇的事业，且至少可以持续 10—15 年。于是我考取了导游职业证书，在工作的同时不断研究旅游业务。我还撰写文章公开表达自己的一些观点，慢慢地在网上有了自己的专栏，后来被泰国导游协会主席维伦·斯巴森他南（Viroi Sitprasertnan）先生聘为协会顾问，负责为协会及整个泰国旅游界的从业人员进行专业培训。我还应邀去中国的大学做讲座，与师生们分享有关中国旅游、历史、文化的知识。

中国四川

上世纪 90 年代初的中国，入境游还处在成长阶段。这一时期是中国进入亚洲旅游大国之列的关键时期，我获邀前往中国四川省做讲座，讲解泰国人出境游情况，教当地旅行社怎么接待泰国游客，怎么用泰语和泰国人理解并喜欢的方式讲解中国历史、文化与旅游景点。尽管当时的泰国经济不景气，但中国春、秋季节，入境的泰国游客很多。那时四川的九寨沟对于泰国人而言，是一个全新的旅游景点，四川省也没有能够说泰语的导游，需要从云南省聘请、动员导游去四川帮忙。可是，云南来的导游对四川的概况、历史以及景点不了解。所以，四川省的旅行社便请我去讲解、培训当地的导游，使他们能够使用泰语和用适合泰国游客的方式介绍中国的历史，特别是泰国人喜欢的三国历史文化、四川丝绸之路、武侯祠、三星堆等。我是第一位将"太阳神鸟"翻译为泰语"นกสุริยะ"（Nok-Su-Ri-Ya）的人，这一译名一直沿用至今。

我在中泰旅游界多年，几乎走遍了大半个中国——北京、上海、黑龙江、吉林、辽宁、山东、河北、山西、陕西、河南、安徽、江苏、浙江、江西、重庆、四川、云南、广西、广东、甘肃、西藏、新疆以及宁夏。每每到一个新地方，我就感觉到我对中国的认识太少，还有许多地方完全不为泰国人知晓和了解。中国之美，其历史文化之迷人，我想让所有泰国同胞和在泰国的其他国家的人知道。而在所有中国的城市里面，我最爱四川的成都。我从以下三个方面看好四川和成都：

第一，区域经济。四川省在中国国家发展战略中被定位为西部发展中心，成都于西部的经济发展就好比上海在东部的地位。第二，区域发展。在丝绸之路经济带中，四川是包括泰国在内的东南亚与欧洲之间投资贸易的纽带。从曼谷坐飞机到成都只需要 2 小时 30 分钟，比前往香港、上海、广州、深圳和北京更近。从泰国到成都的陆路交通也可以视为昆曼高速公路向北的延伸。第三，历史文化。四川是中国古文明的发源地之一，蜀文化中的很多元素和泰国文化相似。

我一直在思考着要怎么做才能使泰国和四川有长期的合作，特别是地缘上更接近中国的泰国北部，而清迈府是泰国北部最为发达的府。要促进长期友好的合作，应该增进双方之间的了解，应该有四川本地人通过语言和文化直接认识泰国或让泰国人了解四川。如果在四川有人能够用泰语来交流，阅读泰国的文献资料，能够用泰语来介绍四川，这些掌握了泰语的人将成为泰国与四川、四川与清迈长久友好关系的桥梁。这就意味着，应该通过在四川开办泰语培训班、开设泰语专业，培养四川自己的泰语人才。从 2004 年起，通过朋友介绍，我去了四川好几所大学就这个想法进行沟通，但没有人对办泰语培训班或开设泰语专业感兴趣。有的大学领导甚至还不知道泰国在

泰国首席贸易代表欧兰·差巴瓦博士（左4）率泰国商家来中国四川举办中泰贸易洽谈会。

这个地球上的什么地方，或跟东南亚其他国家有什么不同。

2005 年 9 月 21 日至 22 日，在清迈，泰国国家旅游局邀请我以泰国职业导游协会顾问的身份参加了"第二届泰中关于经济与投资合作委员会会议"。这是两国旅游局共同组织的正式会议，也是当时在泰国举办的泰中双边会议中规模最大的一次，其实质是两国之间的双边会谈。泰国的主办方是他信政府，政府代表团团长是时任副总理兼商业部长颂奇·扎度信皮他博士，中方代表团团长为时任中国副总理吴仪女士。吴仪女士在机场受到了颂奇副总理、清迈府领导以及包括华侨华人在内的各界人士的热烈欢迎。会议中，吴仪特别提到了中泰旅游，并建议加强两国人民间友好交往，促进双方旅游合作；加强中泰在中国—东盟自由贸易区建设进程中的合作。参与此次会议让我坚定了推动中泰特别是川泰之间实质性合作的决心。而川泰合作，我认为应该从成都和清迈而不是成都和曼谷的友好交往开始。

成都大学

2006 年，我组织并带领泰国学生到开设有泰语本科专业的上海外国语大学参加暑期汉语课程学习。一天，我突然接到了一个陌生来电。来电人是位女士，她自我介绍说叫汪红，是成都大学外国语学院的党委书记。在电话里，汪红书记告诉我，成都大学外国语学院计划开设泰语课程，因此她带领团队去成都市旅游局调研寻求泰语师资，于是有人介绍她来找我。我非常高兴，甚至可以说是兴奋不已。从 2004 年开始，我就向成都的几所大学推介我的想法，两年过去了，突然有一所我还没去过的大学主动来联系我。我立即答应了汪红书记，改签了回国的机票，从上海直接飞往成都与她面谈。

然而，当我到了成都大学外国语学院，听汪红书记详细介绍了她的计划后，我却失望了。因为当时学院只是应市政府的要求开设四个月的短期泰语培训项目，培训四川的导游，使他们能说泰语，能接待泰国游客。我不想放弃，花了两个多小时向汪红书记介绍我的想法。我分析了关于泰国和东南亚未来发展的情况，请她从区域性人才培养和外国语学院的发展，以及开展成都与泰国教育方面的合作等方面来考虑开设泰语二外和泰语专业的必要性。

　　我给了汪红书记三天的考虑时间。如果可以的话，我愿意留下来继续负责接下去的工作；如果不可以，我将返回泰国。汪红书记广泛收集资料、了解信息，并与学校方面进行了商议，最后决定同意我的建议，先从泰语培训班和开设泰语二外开始。于是，从2006年开始，我便正式在成都大学外国语学院工作，一边开办泰语培训班，一边与学院的老师们一起做泰语专业课程计划，申请开设泰语本科专业。在等待四川省教育厅批准期间，学院面对全校举办了泰语培训班，为英语专业的学生开设了泰语二外课程，从而使成都大学在2006年举办了川内高校第一个泰语培训班，也成为四川省第一所开设泰语课程的高校。2008年，四川省教育厅批准成都大学外国语学院开设泰语专业专科和本科，成都大学成为四川省第一所开设泰语专业的高校。我们的课程设置要求学生必须去泰国一年，这是课程的一个亮点，也在川内首开专业整体海外实习的先河。

　　认识我的朋友都感到非常奇怪，许多人说我疯了，在中泰之间培训导游、在泰国知名大学做客座教师薪水都很高，跑到四川一所地方性大学去培养泰语人才做什么？云南和广西一些泰语专业的学生也有很多失业的。对于这些质疑，我笑而不答。因为我发现，当时中国许多大学虽然教泰语语言，却忽略了国际、区域工作中"三语"能力（即泰语、英语和汉语）的并重。我设计的课程也不同于中国其他大学的泰语专业，是能够胜任国际、区域工作的课程设置，培养具有良好"三语"能力、能胜任商贸工作的人才。这一点也是因为我多年在商贸和旅游领域工作，了解人才市场究竟需要什么样的人才。2011年，泰语培训班第一届学员结业，同时第一届泰语专科班毕业，这些结业和毕业生是四川省第一批泰语人才。学生就业情况一如我所期待的一样好，他们中的许多人成为泰中之间、川泰之间、成都与清迈之间的文化使者、贸易使者、旅游使者。有人在泰王国驻华大使馆工作，有人在泰王国驻成都总领事馆工作，有人成为高校的老师，有人做泰中贸易工作，有人做泰中旅游工作。也有一些学生的工作与泰国无关，但在学习泰语的过程中得到了许多启发和灵感，他们将这些知识运用到贸易中，做出了不同于别人的亮点，使得他们的贸易方式不同于一般的中国人，从而得到了比别人更好的收益。

2007年，我作为泰国专家代表以及泰国职业导游协会代表，参加了在合肥举办的"旅游教育与旅游管理亚太国际论坛"并作主旨发言。来自德国、韩国、美国、意大利、澳大利亚、新西兰、新加坡、泰国等国的专家与会，他们中大部分是来自各国旅游学院的校长、院长、专家、学者以及国际酒店的管理高层。令我感到欣慰的是，我不仅受邀作为会议主要发言者，而且有机会与参会专家分享和交流思想。会议期间，合肥大学授予我旅游专业终身教授。

清迈与成都

2007年8月，清迈大学龙姆·吉拉努功副教授和连·洛维蒙空副教授来成都大学拜访，这是川泰双方地方性大学之间的第一次交流，拉开了清迈大学与成都大学教育合作的序幕。那时的成都人更熟悉曼谷、芭提雅和普吉，对清迈了解甚少。清迈大学是泰国第一个地方性大学，在泰国排名第三位，是泰国北部高等教育的支柱，在北部乃至整个泰国有很高的美誉度和信任度。成都大学和清迈大学的交流与合作，将会很快促进两地和两地人民之间的了解。我认为这是个很好的契机，便与时任成都大学国际合作与交流处处长徐跃星和外国语学院院长苏联波教授、书记汪红立刻着手促成了成都大学与清迈大学签署两校的合作备忘录。在那之后不久，清迈大学便与成都大学共同成立了其在全球范围内的第二个泰国语言文化中心（CMU Center）。

这个中心发挥了很大的作用。我以中心为平台，开始联系清迈与成都建立友好城市项目。在实现这个梦想的过程中，很多时候都没有经费支持，我便自掏腰包投入到项目建设中。我在时任四川省人民对外友好协会秦琳会长、成都大学外国语学院汪红书记以及泰国清迈大学披塔缇雅·奴玛孔老师的支持与帮助下，专程飞回泰国去邀请清迈府政府代表团来成都访问。时任清迈府府尹翁潘·立玛南先生非常赞成我的想法，他于2008年正式访问了成都。接着，清迈与成都建立友好城市的进程以及双方互访活动不断升温，此后的两任清迈府府尹蒙·巴纳达·迪萨昆先生和塔宁·素帕森先生都请我帮助联系四川省的相关部门，务必让友好城市项目取得成功。终于，2015年3月，成都市与清迈府正式建立了友好城市关系，并开通了直航。从成都、清迈两个地方性大学的互访，到两个城市成为友好城市，前后共用时七年，花费了大量的人力和物力。但梦想终于成真，我感到非常自豪。

泰国的府相当于中国的省，但机构组成有所不同，每个府除了省级政府之外，还设有同级别的管理机构（Administrative Organization）。府尹由中央政府选派，而府行政管理机构的最高长官则是由各府的人民选举产生，任期四年。各府的最高行政长官就好比是第二把手，负责本府的规划与发展。由于府行政机构是促进地方发展最直接的部门，我便与时任成都大学外国语学院院长黄鸣教授协商，建议学院与清迈府行政机构进行教育和中国语言文化传播方面的合作。2010年9月，成都大学外国语学院派遣泰语专业专科班19名学生赴泰，拉开了四川省第一届赴泰汉语教学志愿者暨泰语专业整体海外实习的序幕，时任成都大学校长周激流教授和泰国驻成都总领事孙建功博士出席了出征仪式。自此，成都大学扩大了与清迈府行政机构的合作，每年培训、选派在校学生志愿者100名，作为文化使者到清迈府的各个学校教授汉语和传播中国文化。这个项目一直持续至今，成为其他各省学生对外汉语教学志愿者项目的范本，也得到了中国国家汉办的支持和认可。在四川，我也将该项目的经验分享给与成都大学结为大学联盟的其他高校，让他们与泰国其他府进行类似的项目合作。例如，内江师范学院与南奔府（位于泰国北部）合作、绵阳师范学院与乌汶府（位于泰国东北部）合作、四川理工学院与彭世洛府（位于泰国中部）合作等。这样，每年大约有200多名四川学生通过这一项目在泰国的各个地方传播汉语与中国文化，而他们的言传身教也成为四川省在泰国各地的一张张闪亮的名片。

Mr. Chengdu

我在中国西部特别是四川省工作的事情，有清迈大学的朋友告诉了颂猜政府时期的第一副总理、英拉政府时期的副总理、泰国国家首席贸易代表欧兰·差巴瓦博士（Dr. Olarn Chaipravat）。欧兰博士于是约我到位于曼谷的泰国政府办公室见面，我用 20 分钟时间向他简要介绍了中国西部的情况。然后，欧兰博士约我第二天再去见面。当我第二天再见到欧兰博士的时候，他让我给他讲解中国的历史，特别是中国贸易路线的历史。欧兰博士毕业于美国麻省理工学院，他问了我很多有关经济的问题，比如从秦朝开始的中国历朝历代直到今天的贸易情况、丝绸之路以及当时中国的"十二五"规划等。我不知道这是不是一次对我的考察，但能有机会用两个多小时、如此近距离地与副总理交流中国的经济发展信息，我深感荣幸。一星期后，我被总理办公室和泰国贸易代表办公室正式任命为

关国兴在峨眉山金顶留影。

欧兰博士的顾问，帮助促进中国西部与泰国的交流合作。

2013 年 1 月，我协调并促成了欧兰博士率泰国商贸代表团正式访问四川省和成都大学，积极推进和深化四川与泰国的全方位合作。之后，欧兰博士非常重视与以四川为中心的中国西部的合作，鼓励泰国企业每年到成都参加中国西部国际博览会，促进泰国人民对中国西部的了解，加强泰国与四川之间的经济合作。

欧兰博士让国家研究委员会召开研究中国西部经济情况的研讨会，我作为发言嘉宾参加了会议。我还应邀在 Thai PBS 电视台参加访谈节目，介绍中国西部特别是成都的经济发展情况。欧兰博士给我取了一个绰号，叫"Mr. Chengdu"。从此，他无论遇到谁，总是向别人介绍我为 Mr. Chengdu。于是，Mr. Chengdu 既成了我的别名，也成为我督促自己不断进步的动力。

结 语

还有很多故事想跟大家分享，但假如都写出来，估计要写很长很长。在此，我想简短地总结一下。汉语是我学习的一个工具，让我更了解了中国，使我实现了自己与中国结缘的梦想。今天，我只是在中泰两国或川泰两地间工作的一名普通的泰国人，却得到了来自中国的许多荣誉，比如：2009 年，我被四川省教育厅评为优秀外籍教师、特聘教授；宁夏回族自治区政府授予我"宁夏人民友好大使"称号；等等。所有的这些荣誉、友谊和快乐，都归功于当年我持之以恒地学习汉语。现在回过头来看，每天 2—3 小时的汉语学习太有价值了！

谢谢你，汉语！

我的泰语人生

梅 沙

（九寨沟网络国际旅行社有限责任公司总经理，泰国总商会驻
成都总代表）

回想从最初认识泰国、接触泰语到现在，已经过去了24年。从一个初出茅庐的哈尼小伙奋斗至今，我已是人过中年，世间变化万千，但不变的是心底的泰国情怀。所以，每每提起那些经历，我心里依然会油然而生年轻的冲动。

我出生在云南元江和澜沧江之间的一个哈尼族家庭，族里有很多部系，我是哈尼族的僾伲人。在云南土生土长、后来在四川成都定居了这么多年后，遇到新朋友时，对方都会对我的民族身份感到惊讶和陌生，如若不经意听到我说泰语，更会觉得我的外貌和行为方式完全是一个泰国人。是的，也难怪别人有这种感觉，从上世纪90年代开始，我的工作和事业里便开始有了很多泰国伙伴的过往点缀，他们充实了我的人生，成就了我的今天。与他们合作的过程中，我不知不觉卷入了泰国经济发展的浪潮和中泰关系发展的洪流，因此渐渐对泰国及其人民产生了自己的认识，这包括他们的性格、习惯、信仰、风俗、经济、政治，等等。

人生总有起起落落，在我的前半生里，也经历了重要的转折点，成为一次次我与泰国的缘分契机。上世纪90年代初，我刚刚高中毕业，由于未能如愿以偿地进入理想中的大学与专业，我不得不另谋出路。随着改革开放的进程，中国开始了向新型社会的过渡，由贫穷低收入国家向中等收入国家努力转型。在政府积极发展多边外交与经济的大环境中，虽然高考未

能如愿，我依然没有泄气，努力寻找新的机遇。因为身处与东南亚邻近的云南省边界，这里与缅甸、老挝等国家的部分山区民族也有着联系，让我萌发了从事外事或者边贸工作的念头。刚好在1991年，中国、泰国、老挝、缅甸四国首脑首次在云南举行了关于开发金三角为"金四角"的重要国际会议。于是，我毅然加入了云南民族大学第一批泰语学习者的行列。可以说，这次选择是带着茫然未知性的。在此之前，我对泰国的了解只是来自他人只言片语的介绍，而没有选择缅甸或者老挝的原因很简单——当时泰国发展得比他们都好。

　　既然选择了，就得好好干出点成绩。机会很快就来了。1993年8月8日至18日，昆明举行了首届出口商品交易会，这次大会象征着昆明成为中国大西南对外开放的桥头堡，发挥着促进对外贸易、投资洽谈、劳务合作等作用。因此，此次交易会吸引了大量东南亚国家企业，泰国当然也在其中。语言是沟通合作的桥梁，协助商务洽谈的小语种翻译人才一时很紧缺，接到组委会的招聘消息后，我立即准备去面试。我从来没见过如此正式的大场面，心里虽然害怕，但更多的是激动——终于有了一展拳脚的机会。顺利通过面试后，我担任了一对名

2011年8月中泰湄公河北部自驾旅游考察团合影（后排左4为梅沙）

叫苏帕里的泰国夫妇的翻译助手。根据他们的需求，我随同他们考察了云南玉溪的早庄火炮厂。这对夫妇对所考察的工厂设备和技术都非常满意，很快就与早庄火炮厂签订了7万美元的贸易订单，并且当即支付了一半订金。于是，这批产品从西双版纳经湄公河水运送达清迈。毫无疑问，当时湄公河是重要的贸易航道，但是由于航道未经改造，河床礁石影响行船，下行需要三天，上行需要七天。后来，随着中国与东南亚经济联系的加强，各国合作对湄公河进行了一定的改造，使得航道通航能力有所提高。

开展国际贸易面对的最直接的问题就是通信，当时并不像今天这样信息技术高度发达，通过一个电话、一封邮件便可轻轻松松地搞定一项生意订单。在那个信息交流设备极度匮乏的年代，合作所需要的意见或者条件交换起来很不方便。货物运达泰国后，却迟迟不见泰方支付项目尾款，于是应早庄火炮厂的邀请，我随团队前往泰国订货方协调交涉。由于当时中泰两国海关出入境政策也还不完善，我无法取得签证前往泰国，只得想办法取得边民通行证经老挝进入泰国，就这样在困难重重中第一次来到对之充满了向往和好奇的泰国。80年代泰国人看到的中国，依然处于百业待兴的阶段，政府代表团到各国考察寻找经济发展出路，将计划经济向市场经济过渡。而在我第一次到达泰国后，一切都出乎我的意料，地图上国土面积不大的泰国，国内经济生活已经是一片欣欣向荣。后来我慢慢明白，八九十年代正是泰国经济突飞猛进的时候，外向型经济发展突出，既是亚洲粮食净出口国，又大力发展制造业，尤其是汽车制造业成为支柱产业，使泰国成为亚洲"四小虎"之一。城市的大街小巷都充斥着外国品牌的小汽车，超市里有琳琅满目的商品，人们的消费能力较高。于是，我们随便租了一辆在当时很流行的伏尔加汽车去找寻苏帕里夫妇的公司。我们最终找到这对夫妇，经过简单的沟通便化解了误会，圆满完成了合作协议。后来在 2000 年以后，中国经济开始实现了真正的腾飞，而这时部分泰国人还没有及时反应过来，他们以为中国依然是贫穷落后的人口大国。所以，对于一些未能与时俱进、不明就里的泰国人来说，中国是典型的"一夜暴富的暴发户"，这也导致后来某些泰国人对中国人产生了某些偏见。

此次工作结束后，我收获了人生中第一桶金，足够我一年的学费。我心中的骄傲感油然而生。虽然收入让我倍感欣慰，但最重要的是这段经历中的所见所闻，让我第一次体会到一名翻译工作者的使命感、自豪感。身处中泰发展大势所趋的环境里，机遇就在眼前，我要不断提高，不断历练自己，学有所用，为两国发展贡献力量。

在物质生活得到保障的条件下，人们都会有更多精神生活的需求，于是旅行成了重要的选择。云南省距离泰国很近，自然风景秀丽，人文风俗魅力丛生，引起了泰国人的兴趣，刺激了他们的需求。1993 年，清迈与昆明实现了直航，大大方便了泰国人来滇。我从泰语学习班毕业时，正赶上泰国发展一路高歌，来华游客数量不断增加，形成了旅游热。在感受到了中国旅游市场的巨大前景后，我开始从事泰语导游工作，没想到这成了我一生为之奋斗的事业。从一名小导游做起，我既是旅游的向导，更是文化的传播者。与一批又一批泰国游客的相处中，我不仅仅是单方面地引导服务他们，也从他们那里了解了很多泰国文化。来自"微笑之国"的泰国人 90% 以上信奉佛教，性格温柔、善良，和蔼可亲，尤其是早期来华的游客，大多思想观念进步，文化素质高。而且，很多泰国人的祖先是中国移民，可以说泰国人和中国人是有同根同源之情的，他们有认识

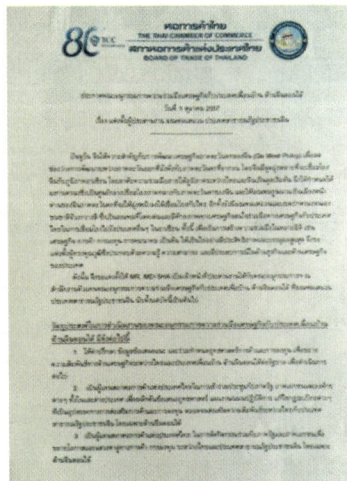
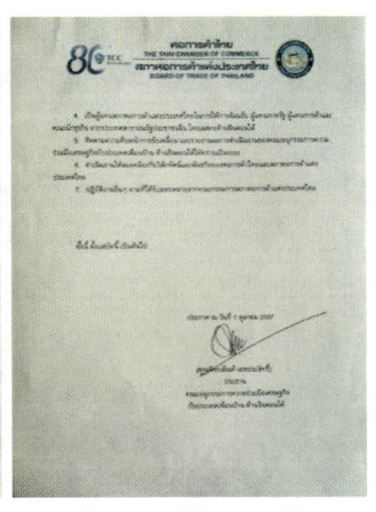

中国、重返故乡的渴望。泰国人来中国的旅游之路，也可说是寻根溯源之道，同时也是在百业待兴的中国寻找发展机遇的有效途径。我很感谢最初两年的职业打拼，这为我后来的生涯埋下了希望，也奠定了坚实的基础。

人生总有很多的不期而遇。正当我在人生第一份职业中开始风生水起时，泰国遭遇了金融危机。泰国是君主立宪制的资本主义国家，政府较早地开放了资本市场，为了吸引外资、发展外向型经济而出台了一些错误的金融政策，再加上外国资本玩家的炒作等因素，使泰国在 90 年代初便出现了虚假繁荣下的巨大财政赤字。到 1997 年 7 月，泰国的汇率政策变动终于引发了一场遍及东南亚的金融风暴，并很快演变为亚洲金融危机。这次金融危机对泰国经济以及整个东亚的冲击很大，中国也遭受了改革开放以来第一次外部经济打击。亚洲各国货币大幅贬值，但是为了帮助东南亚各国度过危机，中国政府顶着压力宣布人民币不贬值。曾经的亚洲"四小虎"一夜之间崩溃，市场瘫痪，旅游业也不例外，来中国的泰国旅游者越来越少，我很快就失业了。沉闷了很久后，无可奈何之下，我想到了曾经接待过的一位泰国先生——拍翁·德差拉隆。这位素质极高的绅士曾经对云南的美丽山水赞不绝口，也对公司和我的旅游服务有着高度评价，送别时，他给了我他的名片，并恳切地说道：如果有一天想去泰国发展了，就来找我。我当时只是深受感动。而今，我翻出了那张名片，毅然奔向了泰国。果然，一到泰国，我荣幸地受到了拍翁先生的厚待，他带我参观了自己的公司和豪华别墅。他事业有成，是一位十足的低调绅士，具有较高的社会地位。金融危机对他的公司有一定的打击，但他依然精力十足，毫不服输。一次偶然的机会，我发现拍翁先生的欧式别墅的建筑和装修材料中采用了大量的松木，这引起了我的好奇。原来，拍翁先生对这种上等的松木极感兴趣，并且很想发展木材生意。于是，我四处打听，得知缅甸有这种上等松木，便奔赴缅甸寻找货源，做起了木材生意，并从中获得了可观的利润。我以为这会是我人生又一新事业的开始。可惜好景不长，由于缅甸商人涉嫌违法被拘留，我也受到了牵连，所有的投资石沉

2015 年 11 月，梅沙（左 1）陪同泰国南奔市政府代表团访问都江堰。

大海，一夜之间变得一无所有，还背负了一大笔债务。当时，我甚至不敢回云南的家乡，跌入了人生第一次巨大的低谷。

返回中国后，我深感愧疚，无颜回家。在朋友的鼓励之下，为了走出阴影振作起来，我前往四川九寨沟散心。出乎意料的是，我发现九寨沟竟有这么多外国旅游团，我料想到，新的机遇可能随之而来。那是 2002 年，回到成都后，我进行了一番市场调查，断定四川旅游产品有着绝对的优势，可成为泰国人来华旅游的又一热点。于是，我暂时离开了云南的亲人朋友，果断转战四川，重新打开一片天。皇天不负有心人，四川线路本身具有巨大的吸引力，加上我了解泰国客人需求和泰国文化，注重旅游团队服务细节上的品质，于是从难到易，渐渐赢得了泰国客户的信任和支持。我开始创建自己的旅行社工作室，专门接待泰国来四川旅游的游客，开发了适合泰国人旅游的九寨沟—黄龙—成都、峨眉—乐山—都江堰、广汉—德阳—阆中三国文化线等多条世界文化遗产和自然遗产线路，发掘巴蜀文化和风景旅游。这在促进了四川旅游发展的同时，也让泰国人在熟知北京、上海、广州等城市后，将目光转向中国大西南地区门户、极具潜力的未来大都市——成都。接着，2004 年，泰国驻成都总领事馆、泰国旅游局驻成都办事处相继落成。随着中泰关系的稳步提升和两国合作的深入，国内对泰语人才的需求急剧上升，而已经开设了泰语专业且教学成熟的高校主要分布在云南、广西、北京和广东等沿海地区，这激发了我培养四川本地泰语人才的想法。很快，在朋友的协助下，我与现今成都大学泰国语言文化中心的关国兴老师一起寻找到了合作机会，在泰国驻成都总领事馆和成都大学外国语学院的大力支持下，采用"3+1"模式（成都大学学习 3 年 + 泰国大学学习和实习 1 年）的本科泰语专业于 2008 年成功开班。这是泰国与四川教育交流合作的良好开端，也为其他多种形式、多个专业的交换合作项目奠定了基础，为中泰友好注入了新鲜血液和活力。每年，我的工作室也成为泰语专业毕业生工作选择的平台之一，来到这个平台的他们都有机会学以致用，更好地发挥专业技能并提高语言水平。

我相信，每一次的灾难和困难都会带来更大的进步。虽然2008年汶川地震使整个四川旅游一度陷入瓶颈期，国内外游客都大量减少，但在全国人民万众一心帮助进行灾后重建后，四川旅游焕发了新的光彩。四川人民放手大干，经济很快出现了质的飞跃和发展。四川和四川旅游重新吸引了泰国人的目光。于是，在泰国驻成都总领事馆和各地政府的大力支持下，四川各城市也掀起了举办泰国风情展览会的热潮。我非常荣幸地被泰国总商会委任为该会驻成都总代表，作为一名中泰交流使者，为各类活动的发起和组织出一份力。近年来的成都泰国风情周展销会、乐山旅游交易博览会、泸州西南商品博览会等展会上，无处不见泰国参展商和泰语翻译志愿者的身影。这些活动加深了中泰两国人民的相互了解和经济交往，大量的

2015 年 11 月，梅沙（左 1）陪同都江堰市领导回访泰国南奔市。

泰国食品和手工艺品深受四川人喜爱，四川出境前往泰国的游客连年增加。经济上的交流搭起了地方政府之间合作的桥梁，在2015年11月的都江堰世界嘉年华泰国文化风情周活动中，我陪同都江堰市政府领导接待了泰国南奔市政府领导和泰国国家发展局工作人员一行，就南奔和都江堰合作进行了洽谈。不久，我又陪同都江堰市政府各职能部门领导回访了泰国南奔市，两地政府交往的和谐友好氛围让我深为感慨。这就是中泰友谊的缩影和真实写照啊！

当前，中国正通过实施"一带一路"战略，与古代丝绸之路和海上丝绸之路沿线相关国家发展更亲密友好的伙伴关系，共同打造涵盖政治、经济、文化各方面的互助共同体，泰国也是其中之一。从中泰铁路建设在经过多年商讨后最终达成协议这件事，可以看出中国与泰国合作的诚意，但同时我们也看到了近来泰国舆论表现出的对中国政府的一些误解，以及由于中国游客出境游的个别不文明现象而招致的泰国人对中国人的不满情绪，这些来源于两国人民的文化差异和利益立足点不同，尚且无法避免。但是，中国政府和人民都在努力地提升自身形象，相信只要大家互相包容、增进理解，不久的将来，误会和矛盾都会一一化解。我相信，"中泰一家亲"绝不是一句简单的口号，时代的发展会赋予其新的深刻内涵。中国会通过后续"一带一路"的一步步具体落实，来展现我们的诚意和大国的风范，以真正的实力吸引其他国家的合作。我的前半生都在为跟泰国和泰语有关的事业打拼，尤其是旅游业。对于我来说，这又将是中泰关系史上一派新气象的开端。没有了年轻时候的意气风发，但我依然满腔热血，希望有更多志同道合的人才加入我们，为中泰友好奉献力量，同时成就自己的人生价值，成就这个时代的中国梦。

文 凤

俞勤伟

（泰国清迈大学孔子学院前院长）

　　文凤是一位漂亮的泰国女孩，不光脸蛋漂亮，身材也很好。她讲起话来慢悠悠的，和大多数泰国人一样，脸上总是带着微笑。而当她微笑时，脸蛋上会有两个浅浅的酒窝，给人一种很甜的感觉。

　　我是在 2003 年认识她的，当时她到云南师范大学参加汉语教师培训。中国国家汉办从 2002 年开始启动国外本土汉语教师培训项目，云南师范大学当时承担了泰国本土汉语教师来华培训项目，我则被安排来负责这个项目的具体工作。按照泰国当时每年 3—5 月和 10 月为学校假期的时间安排，本来 2003 年 3—4 月是有一次这样的汉语教师来华培训的，可是因为当时中国正爆发"非典"疫情，人人"谈非色变"。虽然当时昆明并没有出现"非典"病例，但泰国教育部还是担心这时候教师来昆明参加培训可能会有传染"非典"的风险，因此致函我方，暂停教师来华参加培训，待疫情得到控制后再看情况。这样，当年的培训就推迟到了 10 月份。

　　文凤参加的培训总共有四周时间，总体安排上除了有汉语教学的内容以外，学校也安排时间让学员参观游览当地名胜和了解社会。因为我负责培训班的管理，有一天她突然跑到我的办公室，笑着跟我说，她想在课程学习以外的时间去看望她的亲戚，请我帮她联系。我当时很是惊奇，她怎么会在这儿有亲戚？询问以后，她讲了事情的由来，我也知道了她的一些情况。

　　她毕业于清迈皇家大学中文系，当时在泰北清迈的蒙福小学教汉语。她要找的是她的爷爷与前妻生的在中国的孩子，也就是她的伯伯辈的亲人。她爷爷是云南巍山人，当年跑马帮，在云南和缅甸之间往来做生意，向外倒腾云南的土特产，又从缅甸进各种洋货到云南（当时缅甸是英国殖民地，洋货是很容易买到的）。这样多年下来，她的爷爷不仅收入十分可观，而且熟悉一应情况，对滇缅一带马帮路线上的地形、气候十分了解，还在江湖上有着极广的人脉，和三教九流混得很熟。1949年10月1日中华人民共和国成立之时，云南还没有解放。到1950年2月云南全境解放时，她的爷爷正随着马帮在境外做生意。她也搞不清楚当年是因为云南解放初期国境关闭的原因，还是由于国民党对共产党政府造谣宣传的原因，反正她的爷爷后来就再也没有回到云南。在缅甸靠近云南的边境地区生活了一段时间以后，她的爷爷最后在朋友的指点下，赶了几匹马从缅甸越境到了泰国，在泰缅边境落地生根，又娶妻生子，且人丁兴旺，若干年以后已在当地形成了一个大家族。将近30年以后，中国开始改革开放。这个消息传到文凤的家时，她爷爷已经过世，但老人家生前告诉家人，世道常变，以后有机会一定要和云南的族人亲戚联系，不要断了家族的根。文凤的父辈没有忘记她爷爷的话，通过信函和托人寻找，终于和远在云南巍山的亲族建立了联系，此后双方也都互有走动。这次她有机会到昆明来培训，正好可利用学习以外的时间看望她的亲戚。我帮她联系后，她实现了愿望，分别在昆明和她的祖籍地与亲戚们见面。这是培训以外的收获，她很高兴。

文凤参加的培训结束后，我在学校负责或参与多个和泰国有关的项目，如赴泰汉语教师志愿者培训并派出、与泰国大学的交流访问、泰国汉语教师培训等，由于工作上的关系每年都要到泰国几次，每次到了泰国我总会给文凤打打电话，问候一下。而她也几次带她们学校的学生到云南玉溪等地的友好学校进行交流、游学，来到昆明后也会联系我，这些互相之间的联系让我了解了她回到泰国以后的情况。其间有一次她告诉我她结婚了，先生是她同学校的老师，也是华裔，并且也教汉语。

2010年3月我来清迈大学孔子学院工作以后，去参观过她的学校。那天到她的学校以后，我才回忆起来，我在1998年曾经访问过她们学校。那次是随我所在大学的一个代表团去的，我们先去了曼谷南部的易三仓教育集团是拉差学校，再到清迈，访问蒙福学校。易三仓教育集团下设14所学校，有大学，也有中小学，都是天主教教会学校，很有历史和声誉。当然，这样的学校都是私立的。

我人在清迈了，与文凤的交流也就多了。当时她的学校对面有个市场，里面有一家云南籍华裔经营的清真牛肉面馆，味道很好，我经常中午开车带我们的老师们到那儿吃牛肉面，有时候就约她出来一起吃面。后来那个市场拆了盖商场，那家牛肉面馆也搬到另外的地方去了，但我们还是经常到那家牛肉面馆，吃完了还要买一些包子带走。

文凤经常在交谈中抱怨学校工作艰苦，每天工作时间长，工资很低。按照当时的政府规定，泰国的本科毕业生月工资是12000铢，硕士研究生的月工资是15000铢。当时的人民币和泰铢比值约为1元人民币等于4.8泰铢左右。她是本科毕业，月工资就是12000泰铢。这个工资水平对当时的中国人来说不算太低。后来在英拉执政期间，泰国政府把本科生和硕士生的月基本工资都提高了。文凤还觉得假期很少。泰国学校一般一年有两个假期，3月初到5月中旬有两个半月左右的假期，这个时段是泰国最热的季节，可以称为暑假；10月份又有1个月的假期，这时正值雨季结束、凉季开始，因此可以把这个假期称为凉假。学校学生放暑假和凉假时，老师还要去学校工作，这一点和中国不同。中国人到泰国以后，都感觉到泰国的节日很多，特别是佛教节日，过一段时间来一个，中国人都觉得挺高兴，说泰国节假日真多。但文凤说假期很少，可能也是因为学校的长假期间，老师还要在学校工作。和文凤的几次见面，我发现她确实比以前来昆明培训时瘦了很多，眼眶下陷，脸色发白，看上去很疲劳。

结婚不久，文凤有了第一个孩子，是男孩，这样生活上就有点拮据了。大约在我到清迈工作后不到一年时间，有次她打电话给我说，她已经辞职了，不再当老师了，欢迎我到她家去玩。她还告诉我，她的先生也一起离开了学校。

她的家在属于湄丰颂府的拜县（Pai），泰国人说 Pai 时不是发"拍"的音，而是读作"拜"。那个地方有点像云南的大理或是丽江，是个旅游热点，以前去那儿的游客以西方人居多。自电影《泰囧》上演以后，清迈引起了中国人的兴趣，进而扩展到泰国北部，拜县自然也就逃不掉了。先去过拜县的游客写了无数的游览攻略，现在那个地方已经差不多被中国人"攻陷"了。按说，拜县的自然风光一般，人文景观也没有什么很特殊的地方，但是泰国人将自然和旅游开发结合的创意使得拜县成为一个旅游热点。从清迈到拜县距离不到 140 公里，但开车却要 3 个多小时。出了清迈以后，全程基本都是山路，据说有 700 多个弯。我去过拜县几次，但一直没有弄清楚这700 多个弯是怎么计算出来的：是在车上数数得出的，还是地图上研究出来的，另外要拐多少度算是弯呢？反正，拜县的街上那些旅游小店里，到处都有以这 700 多道弯为主题的旅游纪念品。

文凤家所在的地方叫山地村，是当地的一个华人村，离拜县城不到十公里。到拜县旅游的华人一般也都会去这个地方，因为在拜县成为一个旅游热点以后，山地村也进行了一些建设，比如中国城墙式的展厅、中国特色的标志等，开展中国文化旅游项目。村里有一些商店卖中国的东西，我们有时也在那儿补充一些开展中国文化活动的材料，如中国灯笼、茶具、茶叶等。他们的茶叶一般都是在泰北本地生产的，是台湾为帮助居留在泰北的前国军难民解决生计而开发的种植项目的产品。茶具则来自中国大陆和台湾的都有。由于这些华裔祖籍云南，现在又是在当地聚居，所以基本上都保留了云南的文化，过中国年、中国节当然是必需的。具体反映到生活上，就是吃的饭

山地村入口处

和菜是完全的云南口味，让我特别难忘的是小餐馆里的红烧肘子、乌鸡汤、腌菜炒洋芋等云南菜。云南人称土豆为洋芋，在山地村也是这样叫的。当你有相当长的一段时间没有吃到中国菜时，再次吃到这些菜就会感到无比的好吃，尽管在中国这些菜可能只是家常菜。

我第一次去那个地方时，文凤还在清迈当老师。我记得以前她讲过她家在山地村，但我当时不知道这个山地村就在拜县。我们当时有七八个人一起，租了个小面包车。住了一晚上后，第二天早上那个泰国司机说离这儿不远有个华人村，要不要去看看。我看还有时间，就说去看看吧。十来分钟后车就到了那儿。下车看到有块"山地村"的牌子，我马上就联想到文凤讲的她家所在村子的名字，心想这是不是就是文凤家的村子啊。那个地方不大，我在那儿转悠了一圈，看看离所定的上车

时间还早，就找了一个茶店坐下来喝茶。一听老板的云南口音，我问老板：你们这儿有没有一个名叫文凤的女孩子？老板说：有啊，她是村长的女儿，在清迈教书。我说我认识文凤，以前她跟我说起过她是山地村的人，这次我来旅游，正好到山地村来看看。老板说文凤的家就在村子靠山脚的地方，从他的茶馆上去300多米就是，她的父亲不在家，但她叔叔家就在旁边，可以跟她叔叔聊聊。于是，我到了她叔叔的家，和她叔叔聊了一会儿，还去参观了她的家。那时是12月将近阳历新年，和泰北的其他云南华人家庭一样，她家的房前屋后挂着自制的腊肉、香肠，晾晒着准备做腌菜的多种蔬菜。成群的鸡鸭在院子前后觅食，狗儿们懒洋洋地趴在地上睡觉。从她叔叔那儿，我知道了他们家是当年第一批到这儿定居的华人，那时这里无人居住，是荒地。文凤的爷爷跑马圈地，所以山地村的土地都是属于他们家的。几十上百年以前，这些地都是没有主人的，谁来占了就是谁的，但现在就不一样了，那些在山地村开店的人都得向他们家租地。我回到清迈后，把在她家拍的照片给她看，她直惊讶，说我怎么会找到山地村，见到她的叔叔的。

山地村一角

　　我在清迈工作期间，每年都会带我们的老师游一次泰北。第二次去拜县时，已经是她从学校辞职后。她已经回到了山地村，和她先生一起开了一家小店。我按她告诉我的地方，找到了她开的店。这是一家主要卖旅游纪念品的小店，兼做打印照片等营生。店门外还放着个冰箱，卖冰淇淋。泰国的小商店可以卖不同类的东西，只要你想卖就行。按我的想象，这样的小店人流量也不大，怎么能赚钱呢？我如此问她，她说一般情况下都会赚钱的，除非是旅游淡季，没什么人来，到那时他们夫妻俩就到她先生家去。她先生家在清迈南边的南奔府，离清迈不过十多公里，家里有一个不小的养猪场，养了100多头猪。

家里人手不够，正希望他们去帮着养猪，收入会很好的。说起两口子都不当老师了，他们好像也没有什么遗憾的，没有觉得现在所做的和他们所学的专业不对口，或者可惜之类的想法。可能对他们来说，当老师时紧张的工作、低微的收入，与现在自主的生活相比，辞职是一种解脱。自由而闲适才是她们最喜欢的生活方式。很明显的是，她面色红润，胖了好多，精神也很好。

隔了一年，我带学院的老师们又到过一次山地村，去看她时，她已经有了第二个孩子，也是个男孩。我问她准备要几个孩子，她说两个够了。

我第四次去山地村时，和她聊了很长时间。她说她的孩子慢慢长大了，她准备和丈夫到南奔去生活，因为她的公公婆婆年纪大了，照料养猪事业有些困难。她的小叔子在泰国南部工作，家里只有靠她丈夫去照顾。她自己也准备在南奔找个工作，开始新的生活。

สมาคมปิงเก่ากงม่า
และคณะกรรมการการ
จังหวัดปิ่งเก่ากงม่า

文化
篇

泰国札记二则

傅学章

（中国前驻泰国大使）

关于泰族起源的"故事"

1995 年泰国总理府国家特征识别委员会出版的《90 年代的泰国》一书，开篇的第一段是这样写的：

"关于泰族的起源，一直存在着争论。30 年前，可以被认可的说法是：4500 年前，泰族发源于中国四川省的西北部，后来南迁到现在的家园。现在，这个论断已经被乌栋塔尼府浓汗县班清村考古发现的史前文物所改变。这些文物包括 3500 年前的青铜器和其他具有说服力的依据。这显然说明，泰族就起源于泰国本土，而后才散居于亚洲和中国的一些地方。"

泰国官方最权威的出版物上的这段表述，对于中泰两国史学界和国际泰学研究者来说，都具有十分重要的意义。因为它摒弃了一些西方学者的论断，而肯定了中泰两国学者的研究成果和结论。

根据我过去阅读有关资料和书刊的零星札记，也根据我同陈吕范教授、谢远章教授接触中所汲取的知识，我想简略回顾一下这个常识问题的历史背景，以便了解泰国民族史学观点的改变究竟经历了一个怎么样曲折的过程。

大约在 19 世纪末 20 世纪初，西方国家的学者曾经就泰族发源地问题提出过三种假说：英国拉古伯里教授（T. de Lacouperi）的"中国川北陕南起源说"、美国杜德牧师（W. C. Dodd）的"阿尔泰山起源说"、英国戴维斯少校（H. R.

Davies) 和德国克勒纳博士（W. Credner) 的"中国两广和云贵起源说"。总之，他们都认为，几十个世纪前，泰人的国家在中国，因为遭到中国人的驱赶和侵占，泰人才被迫南迁到现在的泰国。其中最离奇的论断是拉古伯里和杜德作出的。这两位不同时代的人物，却表达了几乎完全一致的观点：公元前23世纪，在中国人由西亚东迁到中国之前，泰人就在中国建立了自己的国家，泰人是中国最早的主人，是中国人的"兄长"。

其实，从上世纪六七十年代开始，泰国本土的一些历史学者就以人种学和考古发现为依据，提出过泰族起源的第四种和第五种假说，即"泰国本土起源说"和"印尼群岛起源说"。但是，这两种学术主张根本得不到重视。因为在泰国知识阶层的主流中，已经有知识泰斗和学术权威营造了几十年的历史传统和学术王国，其权威之大、影响之深，都是无可比拟的。他们既已认可西方人的观点，别人是不可能再更改的。所以，在泰族起源这个问题上，泰国史学界不仅赞同和接受西方学者的三种臆断，而且还著书立说，加以诠释和发挥。更不可思议的是，西方学者的说法及相应的推论和观点，都编入了中小学的历史教科书，一直沿用到上世纪八九十年代才逐步改变。西方学者这些荒谬的历史假说和泰国一段时期内所滋生的误导思潮，给几代人的历史知识和民族意识造成了相当大的干扰和混乱。

1975 年 6—7 月间，泰国总理克立·巴莫亲王在北京同周总理签署两国建交公报之后又访问了云南。出乎意料的是，他说来到云南就是回到了老家，还说泰国的首都原来在大理，后来迁到了昆明。他的陪同官员回到泰国后，在杂志上发表文章说，云南曾经是泰国的领土。

原本泰族起源只是个学术界探讨的课题，没想到竟然成为现实的政治问题。为了解决这个问题，云南省很快就组织了一个中泰关系若干问题的专题研究小组。陈吕范任组长，邹启宇任副组长，谢远章、宁超、简佑嘉和王文达是研究组成员。

这个研究小组开始工作之后，很快编译整理出了国际泰学界有关泰族起源方面的历史资料和最新动态，然后就拟定了十多个专题，诸如秦汉时期的滇国不是泰族建立的国家、南诏和大理国也不是泰族建立的国家、忽必烈平大理国没有引起"大量泰族南迁"、诸葛亮出兵云南并非"汉族南征泰地"，等等，从一些最关键的论点和论据上，有针对性地否定西方学者的观点。

经过 20 年的艰苦努力，陈吕范和其他几位学者考察了许多古迹，写了许多论文，终于取得了丰硕的成果，不仅否定了西方学者的臆断，而且还提出了同泰国清·裕里和索·汕威迁两位学者的"泰国本土起源说"基本一致的论断，即：泰族起源于中南半岛北部和云南南部的峡谷平原地带。

令人感到高兴的是，他们的研究成果很快得到了泰国方面的重视和共鸣。当初，陈吕范教授的论文《忽必烈平大理国是否引起泰族大量南迁》在 1978 年第 2 期的《历史研究》上一发表，就引起了泰国驻华使馆沙功·汪纳普 博士的注意，他很快把此文的英文版送给了前总理克立·巴莫亲王。克立亲王又很快亲自把主要内容译为泰文，在泰国《沙炎叻》报上连载三天。克立亲王在引言中说："关于泰族起源以及泰族到底来自何地的问题，至今尚无明确的结论。中国学者这篇论文主要是批驳西方学者的，值得引起泰国历史学界的重视。"1980 年，江萨总理曾经对到访的中国文化代表团团长姚仲明说："小时候念的教科书上说，泰族是从中国长江以北地区逐步南迁到今天这块地方来的。从泰国最近的出土文物来看，考古学家认为泰族本来就生活在现在这块土地上，不是由北方迁来的。"他还说："中泰两国有几百年的交往，中国可能会有很多有关泰国的文物和资料，希望能帮我们找一下。泰国的历史是西方人写的，不太正确，我们要共同研究。"

后来，泰国王姐甘拉雅妮·瓦塔娜殿下、前总理川·立派以及泰国史学界的专家学者，都曾经同陈吕范等中国学者直接探讨过泰族起源问题，了解中国学者的见解和看法。泰国总理府汉泰史料检译委员会的主管官员和专家们专程来到云南进行考察，并同中国学者共同进行学术探讨后，也觉得西方学者的观点不准确，并且开始接受中方学者的观点。当时的泰国教育部长玛纳上将曾明确向陈吕范等中国学者表示，云南东南亚研究所对两国友好关系的发展作出了重要贡献。

中泰关系史知识点滴

1975 年 6 月 30 日，周总理在会见泰国总理克立·巴莫亲王时提到，中泰两国之间的亲戚关系已经有好几个世纪了。当时有人插话说，已经有几十个世纪了。于是，后来就不断有人提问：中泰关系的历史，究竟是几个世纪，还是几十个世纪？好像这同泰族起源问题也有一点联系。

我后来看了许多史料，觉得周总理用的概约数是相对准确的。当然，这是指两国之间的官方关系。因为，泰国是公元 13 世纪才建立了自己独立的国家——素可泰王朝。从那时开始，泰国就同中国建立了官方联系，至今已有 700 多年的历史。如果从泰国独立建国以前那些地区的人们同中国之间的接触和交往来说，则可以追溯到公元 2、3 世纪，距今已有 1700 年的历史了，但也没有几十个世纪那么长。

据中国史书记载，从公元 1 世纪开始，中国就同中南半岛上的一些古国发生了联系，或互通贸易，或互派使节。其中一些地域当时还是扶南国的一部分或者属国，但其区位却在现今泰国的境内。例如《三国志》提到的堂明和《梁书》提到的顿逊、金邻、盘盘、狼牙修，都是孟族等泰国土著先民在公元2—5世纪所建立的。关于金邻国的具体位置，《太平御览》中记载的是："金邻国又名金陈国，从扶南西去二千余里。地出银，人多好猎象，生得乘骑，死则取其牙齿。"从方位判断，其地当在泰国西北部出产银矿或锡矿的地区。盘盘国，就是现今泰国的素叻他尼，曾经在公元424年和454年派遣使者觐见中国南北朝的宋文帝和宋孝武帝，还在527年晋见梁武帝。狼牙修国，即现在的北大年，公元558年就同南北朝的陈朝有佛教方面的往来。据《大唐西域求法高僧传》记载，成都义朗、义玄兄弟随僧人智岸到过狼牙修国，并受到当地国王的款待。

《隋书》提及的参半国，史学家认为就是泰北清迈一带早期的庸那伽国，亦即兰那国（中国史书称为"八百媳妇国"）的前身，公元616年同中国的隋朝有过交往。

《旧唐书》和《新唐书》都提到过湄南河下游（现今的曼谷以北地区）的一个古国叫堕罗钵底，曾于贞观十二年（638年）、十四年和十七年，三次遣使访唐，赠送方物数十品，唐回赠骏马等物。

《宋会要稿》中记载有南宋绍兴二十五年（1155年）罗斛国贡大象一事。罗斛是华富里一带的古国。

《宋史》中有过真腊属邑真里富的记载如下：庆元六年（1200年），其国主立二十年矣，遣使奉表贡方物及训象二。诏优其报赐，以海道远涉，后勿再入贡。文中所说的真里富，即现在的尖竹汶府。

公元1238年，泰人（暹人）把素可泰的真腊总督赶走，宣布素可泰独立，这标志着泰人从此建立了自己的民族国

家——泰国（早期称为"暹"和"暹罗"）。从此以后，泰国就独立地同外国进行交往了。1282年，元朝曾经向泰国派遣过访问使者，但因中途遇难，未能到达。1292年，素可泰的第三任国王兰甘亨大帝第一次向中国元朝朝廷派遣使者，这就是两国官方正式交往的开始。素可泰王朝同中国的关系虽然是初始阶段，却非常顺利和密切。最突出的是在互通贸易的基础上，开启了经济技术交流与合作的先河。泰方邀请中国的陶瓷工匠到泰国传授技艺，烧制出了很独特的宋加洛彩瓷产品，延续至今。另一个具有重要意义的事件是，公元1295年，当时的暹国同马来半岛上的马来人部落发生了纠纷，元朝曾经居中调解，使矛盾平息了下来。

公元1350年泰国的大城王朝建立之后，暹罗这个泰人的民族国家实现了空前的统一和强大，其势力逐步超过了真腊。它同中国的关系也日益加强，并呈现出两大特点，即：一是互派使者和人员交往非常频繁；二是贸易往来上互为优先。据《明会典》记载：洪武十六年（1383年），凡勘合号薄，始给暹罗国，

泰国素可泰古城遗址
（供图：FOTOE）

以后渐及诸国……暹罗国暹字号勘合一百道。同年，大明皇帝曾遣使先去暹罗勘合，并赐织金、文绮和瓷器等。

公元1767—1782年的泰国吞武里王朝虽然存在时间很短，但在对中国关系上同样有其特点。激烈的抗缅战争对泰国造成了严重创伤，所以恢复生产、重整经济成为第一要务。在这方面，郑信大帝既鼓励扩大对华贸易，也鼓励引进外来人力资源，其中主要是华侨华人。

节基王朝1782年在曼谷建都后，拉玛一世皇帝在治国方面有不少重大举措：一方面提倡佛教，使民众"修心齐志"；一方面整治朝纲，使官员"依法勤政"。在对华关系方面，拉玛一世和他的后辈们都注重继承前朝的政策，通过扩大对华贸易，促进社会经济发展，发挥华人华侨在社会经济建设中吃苦耐劳和勤劳致富的优势，鼓励他们参与曼谷和其他地区的水利、交通和城市建设。

当然，节基王朝的各个时期在处理对华关系上也有不同的时代特点。例如：在19世纪中后期中泰两国各自都面临着西方侵略势力的觊觎时，中泰官方关系曾经一度中断；二战时期日本侵占东南亚后，泰国华人华侨和华文教育的处境都出现过困难。此外，两国国内的重大变革、二战后两大阵营对抗导致意识形态的尖锐对立，都曾经引起过相互之间的误解和疑虑，双边关系疏密相间，时有起伏。但是，总体上说，700多年来的两国关系，是平稳的、正常的，是和睦友好的。泰国一直重视中国，尊重中国；也一直包容华侨华人，善待华侨华人。

"泰中手足情，绵延千秋好"，诗琳通公主这一诗句，既概括了历史，也展望着未来！

培养中泰文化交流的中坚力量，让我们和你们的友谊万古长青

王清远

（成都大学校长、四川省泰国研究中心主任）

我对泰国最初的印象来自书籍和电影。印象中，这里有佛教之国的神秘、白象之国的美丽，泰拳的勇猛、佺舞的华丽，宋干节的欢笑、合十礼的优雅，这个"微笑的国度"拥有无数令人赞叹的名胜、独特的文化和持续相传的风俗习惯，是一个令人神往的地方。

2014 年，我到成都大学履职。成都大学与泰国政府及高校间的合作，让我更近更全面地了解了泰国的风土人情及发展变化，更经常性、近距离地感受到泰国人民的友好热情，并能够为推动中泰两国政府及高校的合作尽一点绵薄之力。

成都大学与泰国的友谊得益于成都市与泰国的密切合作与交流。2008 年，成都大学在四川省高校里第一个开办了泰语言本科和专科专业。同年，成都大学成立了四川省第一个"泰国文化研究中心"；2010 年，与泰国清迈大学共同建立了成都大学泰国语言文化中心；2013 年，根据国家"哲学与社会科学走出去"计划，经过四川省教育厅评审，学校获准成立了"四川省泰国研究中心"，这是目前国内唯一一家由政府支持建立的对泰研究国际平台。2015 年，成都大学与清迈大学开展联合培养知识管理硕士项目、联合培养护理学本科"卓越护士"项目；与泰国国家发展行政研究院开展联合培养经济管理、旅游管理、语言与传播硕士项目；与泰国那黎宣大学开展联合培养物流与供应链硕士项目等。成都大学依托人才、学科、科

研方面的优势，推动中泰友谊的深入，也吸纳了泰国教育国际化的优良传统，对学校的教育教学改革特别是应用型人才培养提供了许多有价值的借鉴。

越走越近的友谊

泰国王室长期重视教育事业的发展。在成都大学，有"诗琳通泰国语言文化课堂"，是 2011 年 4 月 8 日诗琳通公主访问成都大学并受聘为成都大学荣誉教授时建立的。以此为契机，成都大学开启了与泰国各级政府和友好高校的国际交流与合作之路，与朱拉隆功大学、清迈大学、国家发展行政研究院、那黎宣大学、艺术大学及乌汶皇家大学等十余所泰国知名高校签署了合作备忘录。

在诗琳通泰国语言文化课堂，我听同事们讲述了诗琳通公主殿下访问成都大学时的盛况。当时，全校师生争相一睹公主的风采，公主的亲和优雅给成大师生留下了深刻印象，特别是她对中国文化的热爱和她的诗歌写作、摄影才华在校园被广为传颂。2016 年，我有幸出席了诗琳通个人摄影展在成都的开幕式，并参观了摄影展，公主以其独特、温暖的视角向我们展示了她眼中的中泰友好世界。

2015 年 4 月 1 日上午，泰国清迈府管理机构主席本勒·本拉努巴功（Bunlech Buranupakon）、清迈府议会副主席阿里·猜康（Aree Chaikhan）、清迈府议会常务秘书长 Kitiboon Sumuntakun、教育厅厅长 Pairus Maichompu 等一行 6 人到访成都大学。我代表学校参加了会谈，进行了非常好的交流。我们重点交流了成大向泰国派出对外汉语教学志愿者事宜，本勒·本拉努巴功谈到，成大选派近 300 名学生赴清迈实习，

王清远校长应泰国驻成都总领事潘媞葩（右）邀请，参加诗琳通公主摄影展开幕式。

为清迈府的中小学生学习汉语与中国文化提供了极大帮助，希望今后能够选拔更多优秀的学生前往清迈府。我感受到他们对中国、对中国文化的尊重与热爱。我们共同签署了"成都大学关于赴泰王国对外汉语教学志愿者"项目协议书，将前期合作的模式固化下来。

2016年3月29日至4月2日，我应邀率团对泰国进行了访问，同清迈大学、国家发展行政研究院等泰国著名高校负责人就学校学科建设、师生交流、学术交流、国际化发展等方面问题进行了会谈，与友好合作伙伴们达成全面开展教师互访、学生交流和科研合作三方面合作的协定。特别让我高兴的是，我们与清迈大学开展医学和护理专业2＋2本科联合培养项目、知识管理硕士联合培养项目，与泰国国家发展行政研究院开展经济管理、旅游管理本硕联合培养项目和博士奖学金项目都得到了双方的认可，成大与泰国高校合作的层次得到进一步提升。

越来越广阔的交流平台

在与泰国合作交流的基础上，2013年，成都大学"四川省泰国研究中心"获准成立，成为四川省区域和国别重点研究基地之一。学校依托该中心，为四川省实施"走出去"战略提供研究成果依据、交流平台支撑和优秀人才集聚载体。近年来，中心主要通过文学艺术、文化交流和国际教育三重维度的文化外交领域的研究，从全球视角看待中泰、川泰文化外交问题，从泰国（东南亚）视角反观中国文化外交热点问题，以客观负责的研究为政府以泰国为中心、辐射东盟十国的文化外交战略发展提供智力支持和决策咨询。

我们积极推动国际人文交流，仅2015年，中心就接待中泰两国知名高校和研究机构的专家400余人，开展涵盖多语言服务、川蜀文化国际传播等的学术讲座30余场，为泰国风情文化周、中泰杰出青年论坛、成都友城高校论坛等提供同声传译、陪同翻译等志愿服务。特别值得一提的是，我们与清迈大学联合培养的12名研究生参与设计的"易汉语"学习软件和互动教材得到了中国国家汉办的支持，为泰国学生学习汉语提供了方便。

越来越多的中泰文化交流中坚力量

2016年6月24日上午，我出席了在成都举行的"中泰杰出青年论坛"，八位中泰杰出青年作了主题演讲，我校泰语教师担任同传翻译。160余位来自中泰两国的杰出青年齐聚一堂，围绕中国发展对中泰两国青年事业带来的机遇、中泰两国青年如何看待中华文化传承发展、中泰青年在各自青年组织建设过程中的经验与做法等主题展开讨论。推动中泰友谊万古长青，青年是重要力量。作为在省内最早开办泰语专业的高校，我们坚持以中、英、泰三语人才培养为目标，即学生在校不仅深入学习泰国语言，对英语的掌握要求也非常高，与此同时，还要参加中国特色文化的集训，例如中国书法、太极以及传统舞蹈等，以便更好地传播中泰文化。这种模式下培养的学生，能力普遍得到认可。

自 2006 年起，成都大学就开始了与泰国地方政府及高校的学生交流，先后有清迈大学、国家发展行政研究院、乌汶皇家师范大学等学校的学生代表团，以及泰国青少年学生代表团、素攀武里府青少年代表团等 300 余名泰国学生访问我校。成都大学也先后派出 400 余名学生赴泰国清迈府行政机构、清迈大学、乌汶皇家大学等地区及学校进行交流学习。2013年起，成都大学与泰国清迈府通力合作，每年派遣 100 名左

王清远校长和帕蒂德院长签署成都大学与泰国国立发展行政学院硕士、博士研究生联合培养合作协议。

右同学至清迈各中小学进行汉语教学实习，受到当地好评。同时，该项目得到中国国家汉办的认可，被纳入国家汉办汉语志愿者项目，国家汉办为每位同学提供资助。

王清远校长一行在曼谷访问泰国国立发展行政学院（NIDA），会见院长帕蒂德（右）。

成都大学的泰语人才培养，已从原先的只针对泰语专业的学生，逐步拓展到涵盖了泰语专业、英语专业、对外汉语专业、汉语言文学专业等各专业学生。我们先后派遣了几十位教师赴泰国学习交流。泰国朱拉隆功大学、清迈大学、国家发展行政研究院等学校的教师也多次到成都大学进行学术交流，其中朱拉隆功大学、清迈大学的多位教授被聘为成都大学的客座教授。成都大学有浓厚的泰语文化氛围，宋干节、泼水节、水灯节、泰语文化周等活动装点着校园生活，泰语专科人才培养国内学习2年＋国外学习/实习1年、泰语本科国内学习3年＋国外学习/实习1年的培养模式为专业化泰语人才的培养打下坚实基础。学生们对海外实习都充满期待，并觉得受益匪浅。赴泰实习的学生们传来的照片上，个个笑得灿烂如花。学生们说，从泰国回来后，感觉自己看问题的方式也有了变化，视野更开阔了。说起在泰国实习的感受，他们大多感慨时间流逝之快，并表示对泰国的文化风俗有了更深的了解，留存了许多美好的记忆。我们的学生中有通过实习留在泰国任教的，有回国从事泰国语言文化传播的，他们已成为泰王国最真诚的"粉丝"，必将为中泰友好交流作出更多的贡献。

后记

2016 年 10 月 13 日，惊闻泰国国王普密蓬·阿杜德陛下逝世，我第一时间赴泰国驻成都总领事馆吊唁，代表成大师生对普密蓬·阿杜德国王逝世表示深切哀悼。在吊唁函中，我写道："普密蓬·阿杜德陛下为中泰友谊作出了杰出贡献，是两国人民友好的重要推动者。成都大学将一如既往地高度重视对泰交流，传承中泰友好，继续推动和深化与泰国各高校和机构的合作。"

我与珠算

奇维·塔米萨拉

（泰国纺织工业协会会长、那黎宣大学医学院运营顾问，北京师范大学留学生）

珠算是中国古代的重大发明，伴随中国人经历了 1800 多年的漫长岁月。它以简便的计算工具和独特的数理内涵，被誉为"世界上最古老的计算机"。珠算是以算盘为工具进行数字计算的一种方法，被誉为中国的"第五大发明"，此前已被列入中国国家级非物质文化遗产名录。

缘起

在我很小的时候，买东西时常会看到别人拿着一个大算盘来算。大家都认为，算盘是一种很神奇的计算工具。在中国，算盘也是一代代传承下来的数学工具，特别是曾经在商场普遍使用。后来，我到了中国，有一天看到一个课程——教小孩珠心算。珠心算一般用于数学，是有课本和练习册的，算盘被作为一种算数的工具，学生边算边填数字，练到后面就不用算盘了。有些学生就用手指代替算盘，算盘上面的一颗珠代表 5，下面的 4 颗珠每颗都代表 1，恰好与我们的手指相符：拇指代表 5，剩余 4 个手指代表 1。用手指来算数，就不用算盘了。这种带动作的也被视为心算，到了后来不再用动作，就真正进入了心算的阶段。我看了这些，没觉得有什么新奇，直到有一天，我在香港突然看到有教小孩珠心算的，他的教学方法跟我以前看到的有所不同：没有练习册和课本，只是一个算盘放在

奇维·塔米萨拉在成都大慈寺与泰国前任驻成都总领事郭梅特（中）、泰国总商会驻成都代表梅沙（左）合影。

那里，通过耳听、手动、眼看、口说来练习。我看到这个情景，我大吃一惊，因为他的那些动作就是将小孩的视、听、动、说专注于一体，跟我们佛教中的打坐相似。打坐的要点就是把你的视、听、嗅、味、触觉集中于一体，这样才能把心定下来。

我以前当过和尚，也修过所谓的禅坐或者静坐，而且一直都在练习着，还曾经把家变成一个道场（所谓道场，就是把一个空间提供给每位想要产生静定慧的人，我邀请佛教高僧来教大家怎么打坐，并给大家解疑释惑）。我在这方面的修炼，至今已有40多年了。佛教的禅坐主张修静、定、慧，就是要持静、禅定、智慧。佛陀教导我们，需要培育以下三种境界：

1. 修静——心无杂念；
2. 修定——致力于内心平静；
3. 修慧——培育智慧。

在佛教中，禅坐的方式有48种之多。其中有一种是把一个水晶球放在前面，毫无杂念地定着看这个球，然后再闭上眼睛，你好像还看得见这个球。如果你练得时间不够长，闭上眼睛后可以看到这个球，但是在很短时间内这个球就会消失了，或者是摇摆不定。这样的情况就说明你还需要再练习，直到你闭上眼能够把球不断地缩小、扩大、转动，从不同角度想象，这就是所谓心灵的那种潜能。如果达到这个境界，就不需要这个球了，假如我突然想到一个问题，我就会把这个问题从不同角度进行多层次的分析，一切好像透明似的，这就是真正的慧了。我想，当我们处理每一件事情都能有这种力量来帮助解决，那我们做任何事都会事半功倍。但具备这种力量的要点就是你的心要很定，要心无旁骛。如果有一天我们能够练到无论什么事情都能运用禅坐思想来思考，并且这种思考的程度摆脱了所谓偏见、私见、他见，完全是真实透明的，那么我们就会产生所谓的智慧。

奇维·塔米萨拉在成都喝茶。

我与珠算

在香港看到的那套珠心算，使我受到了不少启发，开始有了更多的想法。我想，如果将珠心算和禅坐中的静、定、慧联系在一起，就可以解决小孩在 4 岁到 10 多岁这一阶段好动的问题。如果能够在人生的早期让小孩掌握静定慧这种境界的话，那对他一生的影响是很大的。如果拿这一套来教小孩，让他通过学习珠心算，数学方面得到提升，就会让他比较有成就感，在这个过程中慢慢促进他集中注意力。如果注意力集中的深度能够达到很长的时间，他就可以没有杂念地完全将注意力专注在一件事情上。

在这个基础上，我研究出了一套与珠算有关的 จินต คณิต 课程，其中"จินต"意为思维与想象，"คณิต"就如前文所说的那个球，只是我用的是算盘。小孩在不断练习手动、眼看、耳听的过程中，闭上眼睛就能在脑海里看到这个算盘在动、珠子在动，这就已经达到禅坐较深的一个阶段。然后以这个为基础，我们不要算盘、不用数字，而把它变成另外的东西，比如我们听到一个数字就能把它变成一个珠子在动：听到 5 就看到上面的珠子在动，听到 3 就看到下面的珠子在动，把 5 和 3 加起来，看到上面一颗和下面 3 颗一起，我们能把这个图读出来，就是 8。其实，珠心算不仅仅是在算，同时也是在看，看这个演变的过程，然后成型的时候再把它读出来，这就是其中的奥妙。我们在思维的过程中，一般都会说我们要好好想，懂得怎么思考，懂得怎么去想。我们培养小孩，就是希望小孩能够自我思考、解决问题、有创造力。所谓想就是出现一个图，我们能内在地看到那个图。当我们听到一个词的时候，脑海里会自然反应地出现一个图。当我们不能反应出这个图，就说明不懂这个词。这时我们说知不知道，其实就是说我们的脑海里有没有看到这个图。这个图和我们的想是一体的，培养一个孩子的想象力、创造力，就是培养他把听到的从一个符号变成一个图的能力，而且这个图要很清晰。如果这个图不清晰，就表明他对这个对象一知半解。每个人所看到的图都是不一样的，差别在于每个人的经验。如果对一个事物的经历比较深，我们看到的图就比较清晰生动；如果对一个事物接触不深，我们看到的就是一个平面图，没有深度，没有味道，没有感动力。要想让孩子的想象清晰生动，就要培养他这种构造的力量——这种力量一定要在他的心处于静定的状态下完成，如果是在不静不定的环境下，那形成的图就没那么完整了。所以，要培养孩子的思考能力，就要从定静慧的境界上培养他这种经验。

จินตคณิต 课程的意图在于发展定、慧、记忆和想象，以促进小孩的才华生成。这个课程是以自然为基础将小孩带入学习的过程中，让他们能够使用想象力，更好地将抽象的东西联系到自己曾经经历的事物，将其转化为一个具体的图，从而比较容易地获得知识，产生一种牢靠的记忆系统和快速

泰国中学的心算测试现场

的计算能力。

　　学习 **จินตคณิต**，一开始是让小孩通过使用左右手一起拨算盘来得到锻炼，建立大脑的平衡，同时发展他们在工作过程中的 IQ（智商）和 EQ（情商）。教学中使用的算盘是经过特别设计的，大小、重量适中，手感良好，这些都是为了刺激手指神经，然后间接刺激到左右脑的脑细胞；同时使用教学技巧，让小孩能够在大脑里牢记这个算盘的画面，然后他不用想就能够正确和快速地运用于算术之中。这就是小孩使用想象力的结果。

　　除此之外，教学气氛也是一个小孩发展其已有的想象基础的要素。教学者的教学方式和技巧可以促进小孩一直快速地回答问题，这是间接地训练小孩定力的方式。

　　จินตคณิต 课程教学可以分成四个阶段：

　　第一阶段：发展定心（**Meditation**）　作为初始阶段，以发展学生的定力为基础，使其产生兴趣，不再心神不定，使得学生对每个学科都建立信心、勇于表达自己和接受他人。在这个阶段，通过同时使用左右手一起拨算盘算加减来锻炼技巧，通过使用算盘快速地在大脑中计算，同时锻炼定心、自信和表达自我的勇气。

　　第二阶段：发展知觉（**Perception**）　这是为了发展小孩在周围环境中继续学习知识的能力，包括多角度的想和思考，将想转化为具体的清晰的事物。为了使小孩巧妙地分析问题并记忆这个过程，这个阶段主要强调继续使用定心来多角度的接受知识、锻炼记忆、锻炼观察力和分析解决问题。

　　第三阶段：发展想象力（**Intuition**）　这个阶段的目标是发展完整的想象力，建立左右脑的平衡，同时理解和控制自己的情绪，包括建立创造力。对于小孩来说，将想象力用于学习中

是有很多好处的，有助于维系其在社会上的价值和解决不同的
问题。这一阶段将练习想象力技巧，使小孩产生创造力和自己
的观点看法。

第四阶段：发展和完善情商（EQ）这个阶段着重强调正
确合适地完善情商，控制自己的情绪，宽宏大量，善于观察、
理解和关心他人。总的来说，就是快乐幸福地生存在社会环境
之中，并且和朋友在一起的时候要有宽广的胸怀。

我通过 **จินตคณิต** 课程，让学习者的心能够定下来，而且能产生想象，利用想象能够练成一套学习的方法，引导他在需要静的时候，注意力一刹那就会集中，专注于一个问题或题目。如果每个人都能够把已知的东西沉淀，让出空间接纳学习新的知识，对其一生都有好处，

小孩子的潜能的发挥，能够使其在做人、思维、学习等方面拥有高质量的基础。我的办学理念是教育改变人生，我把这套培养人才和学习的方法传播到社会上，让更多的人、更多的孩子能够发挥这种潜力。我希望他们学习之后能够运用在日常学习和生活中，并且能够照我的方法将每一科的内容作一个分析，先做一些材料，这样，学生会在理解的基础上记得很牢固。除了学习，他们在以后的很多方面都可以学以致用，并且获益匪浅。

"中泰一家亲"

泰中建交 41 年来，两国之间的友好关系不断发展和巩固，文化交流也进一步深化。众所周知，中华文化历史悠久，博大精深，珠算作为其中之一，其价值就非同小可。毫无疑问，在未来的日子里，泰中之间的友好关系将进一步拓展，更加密切。相信泰中两国会开拓更多方面、更多领域的合作，全面发展，互利共赢。

谱写川泰交流新篇章

——记纪念中泰建交 40 周年"泰国四川周"活动

朱　逊

（四川省人民政府外事侨务办公室国外侨务处主任科员）

　　中泰两国是友好近邻，两国人民有着深厚的传统友谊，"中泰一家亲"的传统理念已经根植于两国人民心中。2008年"5·12"汶川特大地震发生后，泰国王室、政府、工商界、华人华侨等社会各界向四川灾区人民提供了慷慨援助。2013年"4·20"芦山地震发生后，泰国驻成都总领事馆组织了部分在川泰国企业和泰籍人士积极为芦山灾区捐款。为庆祝中泰建交 40 周年，经外交部批准，在中国驻泰国大使馆和泰国驻成都总领事馆支持下，2015 年 6 月 18 日至 25 日，由四川省外事侨务办（四川省海外交流协会）、中国驻孔敬总领事馆、泰国孔敬府和呵叻府、泰国四川会馆暨川渝总商会联合主办的"泰国四川周"活动在泰国曼谷、孔敬、呵叻成功举办。这是四川省首次以庆祝中泰建交周年庆为主题，以泰国政要、主流社会以及华侨华人为主要受众在海外开展的一次综合性文化交流活动，是一次外交搭台、文化唱戏、拓展公共外交的成功实践。中国驻泰国大使宁赋魁、泰国驻成都总领事郭梅特等出席相关活动。泰国主流媒体如国家电视台、《泰国日报》和中国主流媒体均进行了连续报道。活动扩大了四川在泰国的知名度，进一步促进了中泰友好和双方在各领域的交往合作。

　　本次活动选派了 27 名来自四川艺术职业学院、成都市杂技协会、自贡杂技团、阿坝州歌舞团的演员赴泰，以富有四川文化特色和藏羌民族风格的歌舞晚会、反映四川秀丽风光和川泰交流合作的大型图片展等泰国民众易于接受的形式，在短短一周的时间里，向泰国主流社会和华侨华人展示了中华文化的独特魅力以及四川优良的投资旅游环境。

四川省政府副秘书长、办公厅主任蔡竞出席曼谷和孔敬两站活动并致辞。中国驻泰国大使宁赋魁、中国驻孔敬总领事李名刚、泰国素攀武里府府尹素批帕·宗帕尼、孔敬府府尹甘通、呵叻府府尹通猜、泰国驻成都总领事郭梅特、曼谷市副议长曼·乍能皖分别出席活动并致贺词。中国驻宋卡总领事张晋雄、驻清迈代总领事邱薇薇、四川省外事侨务办副主任唐宏以及泰国议会、各府政要，主流社会及华侨华人代表万余人观看了富有四川文化特色的大型文艺晚会，近10万人次泰国各界民众参观了展现四川经济建设新貌和川泰交往的"锦绣四川"图片展。

6月20日晚，曼谷皇家海军俱乐部贵宾云集、高朋满座。近800名泰国主流社会、政商界、文化界人士，以及华侨华人和媒体朋友出席了"泰国四川周"开幕式。

嘉宾们在开幕式前观看了"锦绣四川"图片展，他们对四川近年来经济社会的高速发展以及与泰国的友好交往给予高度赞许，并对四川藏区和藏族文化有了全新认识。四川友好省

四川省政府副秘书长、办公厅主任蔡竞（左）与呵叻府府尹通猜·叻阿敦会谈。

府素攀武里府府尹素批帕·宗帕尼对九寨沟和都江堰景区的图片尤为感兴趣，他表示自己曾到过这两个美丽的地方，这次在曼谷故景重逢感到特别亲切。当得知现在可以乘飞机直接从成都前往九寨沟时，素批帕·宗帕尼府尹会心一笑，并高兴地表示他的亲朋好友们以后去九寨沟旅游将更加方便了。一位泰国小妹妹在众多图片中一眼就认出了在四川出席慈善活动的诗琳通公主，并兴奋地对着图片叫道："公主！公主！"诗琳通公主是杰出的中泰友好使者，深受泰国国民爱戴，她为促进中泰两国人民的相互了解和传统友谊，推动中泰教育、文化、科技等领域务实合作作出了积极贡献。公主尤其钟爱四川，她的60岁生日庆典晚宴就是采用的川菜。

在开幕式结束后的文艺晚会上，泰国政要与演员们在晚会现场互动交流，气氛热闹喜庆。出席活动并致辞的泰国前陆军总司令兼国防部长切塔上将在接受泰华网采访时表示："我与中国有长久友好的关系，一直以来敬重中国人民和中国领导人。作为世界泰拳理事会主席，我将把泰拳运动带到中国，促进泰中两国关系进一步发展。"

在泰国东北部地区，四川省文化交流团受到了中国驻孔敬总领事李名刚和副总领事侯劲、孔敬府府尹甘通、呵叻府府尹通猜等中泰政要以及当地华侨华人社团的热烈欢迎。6月22日，孔敬站活动在孔敬大学国际会议中心举行，孔敬府精选了近50幅反映泰国东北部地区社会文化风貌的图片与"锦绣四川"图片展的100幅图片联袂展出一周，中国驻泰国大使宁赋魁、孔敬府府尹甘通、四川省政府副秘书长兼办公厅主任蔡竞等为图片展剪彩。具有浓郁四川特色的精彩文艺演出吸引了超过3000名泰国主流社会和华侨华人观看，晚会向泰国民众推介了悠久独特、多元开放的中华文化，展示了与世界同步、

四川省政府副秘书长蔡竞（左1）陪同中国驻泰国大使宁赋魁（中）、孔敬府府尹甘通（右1）观看"锦绣四川"图片展。

高速发展的四川风貌，受到当地民众一致好评。6月23日，呵叻站活动在翁查瓦里功大学举行，一场突如其来的暴雨也无法浇灭泰国民众和华侨华人们的热情，原计划容纳3000人的演出场地远远无法满足观演需求，现场工作人员不断加座，最终，小小的会场挤进了约5000名观众观看当晚的文艺晚会。川剧《变脸》瞬息变幻的脸谱令观众近在咫尺也难识玄机；川派杂技和柔术表演令观众叹为观止；藏族歌舞的优美动人让观众如痴如醉；魔术《中国风》变出的"川泰友好"四个大字更是掀起了晚会的高潮，掌声此起彼伏，场内欢声笑语不断。演出结束，台下观众久久不愿离去，起身致以热烈而长久的掌声。最后，中泰双方演职人员与观众一同汇聚到舞台中央跳起了具有泰国民族特色的舞蹈，场面温馨感人。

此次活动受到泰国主流媒体、华文媒体和中国媒体的高度关注。泰国国家电视台、中央中文电视台、国际中文电视台对活动进行了前期新闻专访和全程追踪报道，并在电视上滚动播出；孔敬府电视台和呵叻府电视台现场直播了在东北部地区的两场大型文艺晚会，逾2500万泰国电视观众收看了活动相关报道。《泰国日报》《国家报》《曼谷邮报》等泰国主流媒体高度关注此次活动，纷纷报道了活动盛况并给予高度评价，《泰国日报》在报道中称："泰国四川周活动让泰国民众近距离、全方位了解了来自中国四川的艺术文化精粹。"泰国《世界日报》、《星暹日报》、《亚洲日报》、《中华日报》、《新中原报》、《京华中原联合日报》、《东盟经济时报》、《东盟商界杂志》、泰华网等华文媒体派员参加了活动并进行了相关报道，这些报道在泰国掀起了一场"中国热""四川热"，有力宣传了四川。《星暹日报》副总经理刘广峰表示："本次四川周活动规格高、规模大、场面震撼，晚会节目精彩纷呈，民间艺术表演精湛，是近年来不多见的国内团组来泰举办的大型文化活动，对于泰国人来说，这是一次感受中华文化的盛宴，活动使熊猫和'四川'二字深深印在了泰国民众的脑海里。"泰国媒体认为，当前"一带一路"是全世界关心的热门话题，学习中文的泰国人不断增加，此次活动将对泰国的"中国热"起到推波助澜的作用。根据雅虎搜索引擎统计，含有"泰国四川周 曼谷 孔敬 呵叻"关键字的相关报道超过 12 万条，无一负面报道。

中国媒体方面，《四川日报》、《华西都市报》、人民网、新华网、中国新闻网、中国侨网、中国青年网、环球网、中国

双方领导与参加"泰国四川周"文艺演出的中泰两国演员合影。

西藏网、新浪网、搜狐网、腾讯网、网易、四川文艺网、《川报观察》、《成都全搜索》等各大平面和网络新媒体均刊载了活动相关报道。特别是四川广播电视台围绕活动作了两期报道，其中在 6 月 25 日 18:30 播出的《四川新闻》中，"'泰国四川周'落下帷幕"作为头条新闻播出，优酷、乐视等视频门户网站纷纷转载了该视频报道，截至目前，网络点击率已近 7 万。

本次活动的成功举办离不开中国驻泰使领馆的大力支持。中国驻泰国大使馆作为本次活动的支持单位，宁赋魁大使亲临孔敬站活动现场指导并致辞。中国驻孔敬总领事馆作为活动在孔敬和呵叻两站的主办单位，高度重视此次活动，动员全馆力量，提前数月发布活动消息，协调孔敬府和呵叻府担任主办单位，鼓励当地侨胞积极参与支持，邀请当地主流社会和媒体参与活动的宣传报道。李名刚总领事更是全程出席了在东北部地区的每场活动并予以指导，确保了活动顺利圆满举办。

海外侨胞尤其是川籍侨胞是四川沟通世界的重要桥梁。本次活动在时间紧、任务重、工作人员少的不利因素下，借助泰国四川会馆暨泰国川渝总商会的平台，组织了 100 多名川籍华侨华人充当志愿者，确保了活动组织的顺畅有序，高效安全。四川省海外交流协会副会长、著名川籍侨领谢晖全程参与了活动方案的制定和策划，多次回川与省外事侨务办磋商筹备细节和实施方案，努力协调演出和图片展场地，积极公关开展泰国政要和媒体邀请，最大程度地提升了活动影响力。孔敬 23 个华人华侨社团和泰国潮州会馆呵叻分会等侨团积极发挥人力、财力和在当地社会影响力的优势，热情接待四川代表团，全力配合孔敬总领馆的工作安排，保障了活动的圆满举行。

此次活动的成功举办，使"四川周"主题文化交流活动成为四川省侨务公共外交活动的新品牌。

交流篇

关于泰中教育交流的一些经验和故事

本勒·本拉努巴功

（泰国清迈府行政管理机构主席）

张倩霞 译

应四川省泰国研究中心盛邀，为"我们和你们"丛书之《中国和泰国的故事》撰文，作为清迈府行政管理机构主席，我深感荣幸。我非常高兴能借此机会与大家分享一些泰中两国之间为建立友好关系而展开的合作以及所取得的经验。

"中泰一家亲"

这句话，是每次我见到中国的手足和朋友时常常提及的，这缘于我的家庭具有中国血统。我的父亲姓沈，汕头人，1927 年来到泰国清迈定居，他白手起家，刚到泰国时从事小商品买卖的工作。从前，我的家庭里用潮州话进行交流。但由于父亲到泰国后，我在这边的学校接着念书，因此日常生活中的交流不大能用上中文，这就使得我的中文特别是普通话水平有所退步。尽管如此，我也还能不失准确、措辞优美地和中国朋友交谈。

提高中国语言与文化教育质量的计划蓝图

在最初担任清迈府管理机构主席的时候，我就有发展和提高清迈地区儿童及青少年外国语言及文化教育质量的打算，特别希望他们能通过英语和汉语这两种语言与对应国家的外国人沟通交流。

我认为，英语是能够用来与世界各国正式沟通交流的国际性语言，而汉语对于泰国则更重要，因为越来越多的中国人来到泰国旅游和定居，中国也是促进世界尤其是东南亚地区经济发展的重要国家。如果清迈地区的儿童与青少年能够使用汉语进行交流，将会为他们的学习和工作创造更多的机遇。

我首先在我所主管的四所学校进行了试点工作，制定了坚持开展四种语言教学的政策，注重提高泰语、兰纳语（清迈方言）、英语以及汉语的听、说、读、写能力。同时，我也有支持清迈府所管辖的其他学校发展的打算，以便让更多学生具备同时掌握前面所提到的四种语言的能力。

泰中语言文化交流的起点（第一次合作备忘录）

清迈地区泰中两国学生间语言与文化的交流始于 2009 年 10 月时任清迈府府尹翁潘·立玛南先生率代表团对中国四川省成都市的访问。府尹先生此行的目的是为了清迈府与成都市之间能在发展公共事业、贸易以及投资方面建立稳定可持续的合作关系。那次，我未能随府尹先生的访问团一同前往，但安排了教育宗教文化办公室主任，同时也是清迈府儿童青少年以及人民教育与生活质量发展事业部的负责人派拉·麦崇普先生随行。

借这次清迈代表团访问成都的时机，泰中双方交换了清迈与成都之间语言文化交流方面的意见看法，并达成了成都大学学生志愿者到清迈府的中、小学校进行汉语语言和文化教学实习活动的协议。这次访问被认为是建立成都与清迈两座城市之间友好关系的起点，使得中国语言文化教育深入发展到清迈府的各个中小学校。

当府尹先生的访问团回国差不多一年之后，2010 年 9 月 15 日至 18 日，成都大学外国语学院时任书记杜洁女士访问清迈。她专程来拜访我，我们一同商议了发展双方教育合作的相关事项，并第一次签署了为促进语言文化发展而进行的交换生项目合作备忘录，启动了成都与清迈第一届交换生活动。

在这一届的活动中，成都大学外国语学院泰语系专科的 14 名大四学生来到清迈府各个中小学校，开始了他们的汉语语言教学及文化交流实习活动。每个学生都会说泰语，让人印象深刻并足以让清迈人民记忆犹新的是，全部 14 名学生都有各自的泰语名字，并且每个人都有相同的姓，叫作"乍杜萨坤"。14 名学生被分配到 9 所不同的学校进行了为期 8 个月（2010 年 9 月 16 日至 2011 年 5 月 15 日）的教学实习活动，在清迈的这段时间，我叮嘱各个学校要好好照顾他们的起居，带领他们去泰国重要的旅游和文化景点进行学习考察，如大皇宫、玉佛寺等。在众多具有代表性的地方中，有一个重要的地点——海边（这也是我后来才得知的）。因为四川没有海，这些川内的学生们几乎都没去过海边，参加此项目的所有学生都梦想着能去海边游玩。因此，我们又在行程中增加了一项前往海边省份学习考察的活动。

清迈府与成都市友好城市协议签署仪式后合影

上面提到的合作备忘录的具体实施得到了清迈大学与成都大学共建的泰国语言文化中心的主任、现任成都大学泰国项目部主任查皮蓬·吉察坦（关国兴）老师的帮助和支持，他为项目的磋商、双方的联络及项目的实施都提供了很大的帮助。我向关老师询问后才得知，"乍杜萨坤"这个姓是"四条河流"的意思，这和"四川"的含义一致。直到现在，我依然为关先生的睿智所折服。

在第一次合作备忘录有效执行期间，成都大学陆续选送了四届学生作为志愿者中文教师和文化使者前来清迈城区及乡村地区的各中小学进行教学活动。

发展泰中语言文化交流项目的第二阶段（第二次合作备忘录）

在第二次合作备忘录执行期间，成都大学继续选派学生前来清迈，且每届的学生数量和参加项目的泰方学校数量都有所增加。每个学生志愿者都能很好地调整自己以适应新的环境，同时也非常努力用心地为此前从未学习过汉语的零基础学生授课，让他们能在短短几个月的时间里具备汉语的听、说、读、写能力。我们很想了解成都大学的人才培养计划与具体实施过程，于是，2012年9月4日至9日，我带领包括清迈府教育事务管理主任、各学校校长或教务主任在内的40人前往成都

大学访问。这次的访问交流，我们除了了解成都大学外国语学院泰语系、英语系的教学情况之外，也了解了相关学院的人才培养模式，还进一步强化和密切了双方在教育方面的合作关系。此外，我们调整、完善了与成都大学签署的第一次合作备忘录，以促进双方教育事业的进一步发展与质量的提高。9月5日，在成都大学，我与时任成都大学校长周激流教授签署了第一次合作备忘录的修订版协议，同时也就清迈与成都各项合作的发展交流了意见看法。这次磋商让我结识了直到今天也依然难以忘怀的又一位好友。

在清迈府行政管理机构与成都大学签署的交换生项目中，我亲眼见证了成都大学把非中文或师范专业的学生也培养成出色的老师，到国外从事汉语国际传播的实例。我产生了这样的想法：如果我们能互换真正在学校授课的优秀老师，或许能让我们的学校、老师和学生学到中国学校的先进教育理念、方法和经验，从而借鉴、吸收并应用到我们学校的日常工作和生活中去。于是，我鼓励并促成了清迈府行政管理机构管辖下的

本勒·本拉努巴功访问成都大学。

东葛帕顿中学校长帕塔那普·西本楞先生与成都市双华小学校长签署了关于小学师生交换合作项目的合作备忘录。现在，双方学校已经互换了好几届师生，取得了令人满意的成果，也为其他好些学校提供了范本。

在第二次合作备忘录执行期间，成都大学连续选派了三届学生。

发展泰中语言文化交流项目的第三阶段（第三次合作备忘录）

由于双方合作备忘录的有效期为三年，因此，我在 2015 年 3 月 30 日至 4 月 2 日借跟随时任清迈府府尹素立亚·巴萨班迪先生的政府团一同前往成都签署清迈府与成都市建立友好城市合作关系的协议之机，于 4 月 1 日在成都大学与该校现任校长王清远教授签署了第二次合作备忘录修订版协议，这也被视为双方的第三次合作备忘录。

从 2010 年至今，成都大学一共选送了九届学生前来清迈，参与学生多达 408 人，而参加此项目的泰国学校也多达 50 余所，整个项目正朝着越来越好的方向发展。最特别的是第九届的志愿者，一共有 50 位学生，来自三个不同的学校——除了之前与我们有着良好关系的成都大学外，还有成都信息工程大学和绵阳师范学院。

除了在发展泰中语言文化方面互换老师、学生之外，成都还给予了清迈府特别的资助，即每年为五名清迈府高三毕业生提供友好城市全额奖学金，资助他们来成都大学读本科学位，专业为国际工商管理。学生毕业后没有任何限制性条款，也无须履行任何义务。如今，已经有两届学生入学。

从我前面所谈及的全部经验来看，清迈的老百姓和之前素不相识或不甚了解的中国西部的兄弟姐妹之间增进了友好关系，并取得了一系列有益成果。我相信，每个人都会同意我在文章开始部分所说的那句话："中泰一家亲。"

结缘玫瑰，牵手共赢

——成都与泰国友好交流剪影

李 利

（成都市人民对外友好协会副会长）

《小城故事》是邓丽君最有名的歌曲之一。歌中的"小城"究竟在哪里？有人说是台湾的鹿港，有人说在大陆的江南，然而更多人愿意相信，这个"小城"是邓丽君挚爱的清迈。20年前，一代巨星邓丽君在这里香消玉殒。很多人是从她逝世的新闻里，知道了泰国的清迈。也是从那一刻起，这个地方一下子变得世人皆知。有华人的地方，就有邓丽君的歌声，初识清迈，就是从邓丽君开始。如今的清迈，尽管游人如织，依然宁静悠然、淡雅清新，是一个远离喧嚣、放松休闲的绝佳胜地。

清迈府（府相当于中国的省）是泰国第二大行政区，面积约2万平方公里，人口约170万。平均海拔300米，森林覆盖率73%，年均温度24.7℃，年降水量1200多毫米。自然环境优美，气候凉爽，是著名的避暑胜地。其支柱产业旅游业产值占全民生产总值的22.7%，其次为工业、商业、农业等，主要产业包括农产品加工、畜牧、木材加工、建材和纺织等；农业方面，主要出产大米、黄豆、大蒜、葱头、龙眼和荔枝等。清迈市是清迈府的首府，泰北政治、经济、文化中心，面积40平方公里，人口约18万。13世纪，孟莱王定都于此，后长期是兰纳泰王国的都城，至今仍保留众多珍贵的历史和文化遗迹，其中很多是代表着泰北灿烂历史文化的古老寺庙。市内风景秀丽，遍植花草，尤以玫瑰花最为著名，有"泰北玫瑰"的雅称。

2015年3月，清迈府府尹（省长）巴萨班迪率团访问成都，双方共同签署了建立友好市府关系协议书。经过成都市和清迈府政府多年的共同努力，双方正式"办了喜事"，成为国际友好城市，携手前进，开展更为密切的交流与合作。2016年6月，清迈府副府尹蒙可·苏塞专程率团来蓉出席2016中国·成都全球创新创业交易会之"友城市长创新论坛"，特别分享了清迈府在旅游和服务产业中的创新举措，与各国与会代表进行了深入交流。而此前，成都市与清迈府已重点在教育、文化等领域开展了密切往来：

教育培训交流

由成都市人民政府主办的全日制普通本科院校——成都大学与清迈大学、宋卡王子大学、朱拉隆功大学等十余所泰国顶尖高校建立了友好合作关系，率先在四川省内开设泰语专业。2010年，泰国政府在全球设立的10个泰国语言文化中心之一——成都大学泰国语言文化中心正式成立；2011年，泰国诗琳通公主亲自在成都大学为"诗琳通泰国语言文化课堂"揭牌，并受聘为成都大学泰语言专业名誉教授。自2007年起，

2013年4月25日，泰国王子皇家学院院长司林南博士（Dr. Sirinan Sriweeraskul，右2）一行访问成都大学。右3为时任成都大学校长周激流教授，左1为关国兴。

清迈府府尹、副府尹和清迈府行政管理机构主席（清迈政府行政长官）多次到访成都大学。自2013年起，成大每年派出约100名学生赴清迈府进行对外汉语教学实习，该项目还被国家汉办纳入了国家公派汉语志愿者计划。成都泡桐树小学于2012年与清迈府蒙福学院小学部缔结为友好学校，在泰方学校启动和持续开展"泡泡课堂"，传授中国传统文化和成都地方特色课程。自2014年"成都国际友城奖学金"设立以来，来自泰国清迈府和乌汶府的共50余名学生获得奖学金，就读汉语言文学、国际贸易等专业。2016年6月，清迈府政府和曼谷市政府代表来蓉参加友城公务员交流项目。同期，清迈大学副校长、清迈皇家大学副校长也带队来蓉出席"2016成都国际友城高校技术创新论坛"。

文化艺术交流

成都市品牌国际活动"成都国际友城青年音乐周"至今已连续成功举办8届，基本每年都有来自清迈府的青年艺术代表团的积极参与：2013年7月，清迈府副府尹阿迪颂·刚勒斯理率政府和艺术代表团来蓉助阵音乐周，随团的10岁舞蹈演员小珍珠表演的刀舞给成都观众留下了深刻的印象。2015年7月，清迈府青少年艺术代表团表演了泰拳舞蹈、乐器演奏，其中一位用泰国传统乐器萨洛琴演奏了《小城故事》，表达成都与清迈的友城情深，深受观众的爱。2015年，正值中泰建交40周年暨泰国驻成都总领事馆设立10周年，成都市与泰国驻成都总领事馆共同在蓉举办了系列庆祝活动，包括"中泰一家亲"图片展、"泰拳与青城武术"友好演出、2015年成都泰国电影周、2015成都温江泰国文化商品周等，来自清迈

2014 年 7 月，清迈府青年文艺代表团来蓉参加"成都国际友城青年音乐周"。

府的商贸、文艺代表团现场助阵，为成都与泰国全面友好交流合作"扎起"，收到良好的社会反响。

除了与清迈府是姐妹城市，成都市与乌汶府也曾签署《成都市与泰国乌汶府建立友好合作关系协议书》。2016 年 5 月，"天使之城"曼谷市也表示愿意与成都市发展友好合作关系。

除了友城建设，成都与泰国在人文、经贸、投资、旅游等多领域开展了务实合作。泰国驻成都领事办公室 2005 年 4 月成立，并于 2006 年 5 月升级为总领事馆。在总领馆的支持和推动下，泰国已成为成都市关系最为密切、往来最为频繁的东南亚国家之一，双方在人员互访、旅游合作、经贸往来等方面取得了丰硕成果。

在成都红星路步行街广场举办的 2015"中泰一家亲"图片展

高层来访

2014 年 3 月，泰国教育部副次长帕妮率团访问成都，调研成都中小学教育情况，并与相关部门交流座谈；2014 年 4 月，泰国素攀府府尹宗帕尼率素攀府商会和文化局相关负责人访问成都，参加"中外知名企业四川行"活动，促进素攀府与川蓉企业的合作；2014年9月，泰国前总理、泰中友协会长塔帕朗西来蓉出席第九届中国东盟民间友好大会，共同发布了《成都宣言》；2015年11月，泰国驻华大使倪勇访问成都，与市主要领导就进一步推动成都与泰国的务实合作交换了意见；2016年9月，泰国文化部长威拉·诺帕那拉率团访川，出席第三届四川国际旅游交易博览会，并考察了成都宽窄巷子等本土特色旅游文化资源；同月，泰国国家审计委员会主席猜实·达初坦率泰国青年精英代表团访问四川，与川蓉企业开展了深度交流，促进务实合作。

旅游合作

2015年，泰国来蓉入境游客50523人次，同比增长9.53%；成都赴泰团队游客394597人次，同比增长54.04%，泰国在出境旅游目的地中排名第一。2015年，泰国驻成都总领事馆共办理签证约19万人次。泰国航空已开通成都至曼谷每日往

返班次，川航、东航和亚航已开通成都至清迈直飞航班。成都至泰国苏梅岛、甲米岛等地也有包机直航。2016 年 7 月，西藏航空开通了成都直飞苏梅岛的定期航班。截至目前，成都直飞泰国的航点已达 6 个，平均每天有 11 个航班从成都飞往泰国，以每班平均 175 个座位计算，每周从成都出发前往泰国的旅客可超 13000 人。

经贸合作

2013 年，清迈商会与成都市工商业联合会（成都商会）签署了友好商会合作协议。截至 2015 年 12 月底，泰国在蓉投资企业达 90 家，知名企业正大集团、开泰银行已落户成都。成都市也有数家在泰国投资的重点企业，总投资额达 2565 万美元。

自 2005 年开始举办的"泰国风情周"活动已成为泰国驻成都总领事馆与成都市外事侨务办联合打造的品牌交流项目。每年，泰国内政部、泰国商会等泰方相关部门都会协助组织各地方代表企业参加。"2016 成都泰国风情周——友城风情漫蓉城"活动吸引了包括清迈府在内的泰国 20 多个府的近 50 个展商参加，商品包括家居装饰、手工艺品、养生疗方、新鲜果蔬、特色小吃等，得到"爱生活、懂享受"的成都人民的热捧。还有泰国舞蹈演出、泰拳表演、泰国美食等活动，受到市民的喜爱。

细嗅清雅的"泰北玫瑰"，结缘繁华的"天使之城"，在"中泰一家亲，相近族同源"、中泰关系健康稳定发展的大背景下，成都与泰国一定能不断深化各领域合作、促进更加密切交流，为双方人民带来更多便利和福祉，在"一带一路"建设中携手创造新亮点，共同谱写合作共赢的美好篇章。

构建中泰（东盟）社会文化共同体

——泰国清迈与中国西南三省的故事

阿诺普·蓬瓦特

（泰国教育委员会和国家研究理事会委员，清迈大学国际学院前院长）

陈红宇 译

　　能参与"我们和你们"丛书之《中国和泰国的故事》的撰稿，我感到十分荣幸。这是一个激动人心且充满意义的宏伟项目。借此机会，我想简要介绍我的平凡故事，主要是我在2012—2014年间的经历。期间,我曾担任清迈大学国际教育学院院长，有幸为我校和中国高校、泰国和中国两国人民关系的塑造、深化、合作、交流和理解作出贡献。虽然我于2014年底从清迈大学正式退休了，但仍继续参与在教育文化方面的交流合作，这些令我兴奋且感觉充满意义的活动将清迈大学、清迈市与中国的大学联系在一起。我们的交流合作是清迈大学和成都大学共同努力的结果，更确切地说，正是为了进一步深化两所大学、两国人民和两个国家之间已有的良好关系，我们才开展了这些交流活动。

背景

　　1949年10月1日是中华人民共和国成立的日子,20天后，我降临人世。回顾过去，思绪万千，出生在如此伟大的岁月，是我莫大的荣幸。从我出生到 1975 年 7 月 1 日泰国和中国建立外交关系，这期间仿佛是命中注定或有意安排，泰国处于"自由世界"、反共产主义以及亲西方的环境中，我和其他众多泰国人一样，自然而然对中国知之甚少，即便获取到有关中国的信息，也是被彻底扭曲、编造、包装之后系统化传播的信息。但这仍未阻断部分泰国民众对中国革命的认同，泰国政府发现后，将泰国共产党的支持和拥护者关进监狱，不过幸运的是他们并未被审判。

后来，受政策和环境的影响，特别是在 1980 年泰国政府发布著名的"66 号命令"之后，那些为逃离军事镇压和迫害而加入泰国共产党的爱国人士，从丛林中走了出来，并通过和平的方式争取过正常的生活。这种趋势迅速蔓延开来，泰国人民公开谈论中国甚至到中国旅游的现象越来越普遍，有的泰国人甚至不顾国内讹传的有关共产主义中国的恐怖观点和故事，毅然来到中国。对中国的不良印象如"多米诺效应"般从泰国人民的记忆中迅速消退。目前，不仅越来越多的泰国人，如政府官员、商人、游客和学者等因不同目的络绎不绝地来到中国，越来越多的中国人也到泰国各地旅游，这些都为彼此提供了最真实而有效的全面了解对方社会生活的宝贵机会。

20 世纪 90 年代末，我开始到中国访问，难得的几次访问机会让我见证了现代中国的壮丽，颠覆了曾经道听途说所形成的对中国的认识，开启了我长期的对华之旅。现在，令我更开心的是，泰中两国人民似乎都能更多更深刻地了解对方。因此，如开篇所提，如今能参与有利于丰富和提高泰中两国人民关系的活动，进一步增进两国人民的友谊，我倍感荣幸。

第一站：云南师范大学

2010 年 2 月，我被任命为清迈大学国际学院代理院长，同年 10 月被任命为院长。我的工作之一是管理设立在云南师范大学的泰国语言文化中心，这个中心于 2010 年 1 月 29 日成立，由我的前任创立，是在中国建立的首个泰国语言文化中心。云南师范大学和清迈大学的管理者、教职员工及学生们参与的教育文化交流活动，开启并加深了双方在学术及专业方面的紧密联系；两所大学所形成的战略合作伙伴关系，构建起了两所大学广泛交流的大平台——云南师范大学泰国语言文化中心。事实上，2005 年前后，泰国教育部高等教育委员会就出台政策，鼓励泰国北部的高等教育机构和中国南部及西部高等教育机构建立密切联系。这一政策成为云南大学泰国语言文化中心成立的加速剂。中心成立当日，群贤毕至，盛况空前，来自清迈大学和泰国其他顶尖大学、清迈府公共和私立管理部门的负责人纷纷前往昆明参加开幕式。深得拥护的清迈大学校长彭萨克（Pongsak Angkasith）教授亲临现场，赋予了云南大学泰国语言文化中心更高的荣誉。无一例外，彭萨克校长也出席了后期成立的两个泰国语言文化中心的开幕式。自我接任国际学院代理院长开始，清迈大学国际学院就独立与云南师范大学的相关人员联系。总而言之，从云南师范大学校长到学院员工，都被当作清迈大学与云南师范大学、昆明市乃至云南省人民之间联系的纽带。由清迈大学校长和其他高级官员带队的代表团定期访问云南师范大学，参加校内外的各种教育文化交流活动。在我撰写这篇文章时，云南师范大学泰国语言文化中心成立已超过六年半。该中心积极招募昆明乃至整个云南省的高中毕业生参加清迈大学的国际项目，并组织代表团到清迈甚至整个泰国考察。考察团由云南师范大学的学生和教职员工、云南其他大学的学生以及昆明市民组成。在我撰写本文时，我们的联络人郑昊先生和来自云南师范大学、云南及其他省份的20多名教师一道，正在参加在清迈大学语言研究所举行的为期一个月的培训交流项目。

此时此刻，我不能不开心地提到另一件事。2006年，时任清迈大学人文学院院长、现任清迈大学主管国际事务副校长的龙姆·吉拉努功（Rome Jiranukrom）副教授和时任清迈大学人文学院副院长、现任语言学院院长连·洛维蒙空（Rien Loveemongkol）副教授做了泰中教育文化交流项目的初步工作后，2010年国际学院启动并继续余下的工作，并在与成都大学外国语学院和国际合作交流处同事的一起努力下取得了成功。2010年末，在成都大学外国语学院泰籍外教、现任成都大学国际合作交流处泰国部主任的关国兴（Chapiporn Kiatkachatarn）先生领导下，成都大学和其他大学数百位学生到泰国进行汉语教学，涉及清迈府50多所中学、邻近的清莱府和南奔府的20多所中学，以及乌汶府、曼谷等地区的学校。2016年8月的第一周，正是开学之际，来自中国的1000多名大学生参加了短期或长期的教育文化交流项目，这次活动正是由清迈大学语言学院举办。

2010年6月底，我和国际学院的员工再次访问云南师范大学，以进一步巩固已建立的良好关系，从我们过去六个月的共同努力中汲取一些经验，并为将于当年7月1日在成都大学成立的另一个泰国语言文化中心的揭牌仪式作准备。我们也邀请了魏红教授参加此次揭牌仪式，她曾担任云南师范大学国际汉语教育学院和东南亚教育学院副院长，负责管理泰国语言文化中心的工作。揭牌仪式也得到云南师范大学校长杨林教授和副校长原一川教授的鼎力支持。"一枝独秀不是春，百花齐放春满园"，魏红副院长的同事、国际汉语教育学院院长助理杨叶华也对云南师范大学泰国语言文化中心提供了有效帮助，他曾担任了四年的清迈大学孔子学院院长。我们很荣幸拥有这些富有爱心、乐于助人，怀揣促进友好关系、增进彼此理解这一共同目标的同事和朋友。

第二站：成都大学

成都大学泰国语言文化中心揭牌仪式前几天，我和同事们抵达成都，与成都大学的同事一起做好各项准备工作，迎接由彭萨克校长带领的清迈大学代表团一行的到来。成都大学为我们提供了一处宽敞舒适的办公场所作为泰国语言文化中心的办公室，位于第二教学楼2417室，靠近现任外国语学院院长李萍教授的办公室。外国语学院人才济济，从两所大学合作开始，历任院长有苏联波教授、黄鸣教授。当然，我们的关键联络人一直是关国兴先生，他孜孜不倦地工作，同时得到时任成都大学国际合作与交流处、港澳台事务办公室徐跃是处长和欧玉松副处长的全力支持。以上提及和很多尚未提及的人至今都是和我私交甚好的朋友。

2010年7月1日，为庆祝中泰建交35周年，由泰王国驻成都总领事馆、成都市人民政府外事办公室、四川省人民对外友好协会主办，成都大学承办的泰国—四川友好关系研讨会暨成都大学泰国语言文化中心揭牌仪式在成都大学学术交流中心报告厅举行。时任清迈大学校长彭萨克和成都大学校长周激流共同主持揭牌仪式，时任泰国清迈府副府尹兼秘书长苏拉才、泰国驻成都总领事孙建功（Narumit Hinchirakarn）、四川省友协会长秦琳、成都市外办副主任邓锡军等中泰两国官员出席。与云南师范大学成立的中心一样，成都大学泰国语言文化中心成立六年多来，一直积极致力于中泰之间在更宽广领域的合作。

值得一提的是，我们很荣幸和泰国驻成都总领事、领事及其他工作人员建立起亲密的工作关系和良好的个人友谊，他们为塑造与加强清迈大学和成都大学、清迈人民和四川人民之间的长久友谊作出了巨大贡献。事实上，从2010年开始，孙建功博士便是我的朋友兼同事，尽管比我年轻，但他对中国和中国人的了解比我要深刻。

2011年4月8日，泰国诗琳通公主殿下为成都大学"诗琳通泰国语言文化课堂"揭牌剪彩，这是又一个让成都大学和清迈大学，让中国人民和泰国人民自豪的馈赠。以公主名字命名的教室只用于泰语系学生的教学，此教室就在成都大学泰国语言文化中心的对面。成都大学与清迈大学共建的泰国语言文化中心和泰国驻成都总领事馆的工作人员积极合作，共同在成都大学校园内和成都市其他地方组织多种多样的教育文化活动。

成都大学泰国语言文化中心的特别之处在于，它一直和远在中国西北的宁夏回族自治区人民政府外事办公室的朋友们保持着亲密的联系，并为中国西北部与泰国的友好交往作出了积极的贡献。在关国兴先生和成都大学泰国语言文化中心同事们的有效组织领导下，我和时任清迈大学人文学院院长、语言学院院长、艺术传媒与技术学院院长等经常前往银川市，和银川市高级官员、宁夏大学及宁夏市高中的行政人员、老师、家长、学生们讨论共同关心的问题，一些参与讨论的学生后来成为清迈大学国际本科生项目的学生。此处，我尤其要提及一些

成都大学泰国语言文化中心剪彩仪式后，双方互赠礼物。右2为时任清迈大学校长彭萨克，左2为阿诺普·蓬瓦特。

乐于助人、为泰中友好交往作过积极贡献的个人，如2011—2012年任宁夏自治区外事办公室亚洲处处长、现任外事办副主任的张怀义先生及其办公室副主任张涛先生，自那时我们便成为亲密的朋友，他们定期给清迈大学国际本科生项目和后来的研究生项目推荐优秀学生。我们十分感谢成都大学泰国语言文化中心关国兴先生和外国语学院的同事们，他们一直帮助我们发展与银川的友好交流。因为前文所述工作范围的扩大，成都大学泰国语言文化中心已迁至新装修的成都大学国际合作与交流处、港澳台事务办公室办公大楼，现在该处室由欧玉松先生任处长，他同时也担任海外教育学院院长。关国兴先生能力强、工作范围广，不仅包括与清迈大学有关的工作，还涉及中泰关系的所有工作，如今，他的工作还涉及除清迈府之外的泰国其他地方政府、省级行政机构、高等教育机构。

2010—2014年，我作为清迈大学国际学院院长有幸参加了上述所有活动。感谢成都大学前任校长周激流教授对我的信任，委任我为成都大学四川泰国研究中心外籍专家和客座教授，让我能够连续于 2015—2016 年间在成都大学国际周作主题讲座。我对这两项委任充满感激，会尽我所能进一步帮助和巩固目前我们都非常满意的双边关系。

第三站：广西大学

我们的中国之旅从云南昆明出发，沿东北方向一路北上，抵达四川成都，再沿东南方向南下，抵达广西壮族自治区首府南宁。2012 年 7 月 26 日，第三个泰国语言文化中心在广西大学成立，它得到了广西大学校长赵艳林教授的全力支持。清迈大学代表团参加了当天的开幕式，代表团由彭萨克校长带队，成员包括副校长、院长和一些几天前已参观过云南师范大学的人员。尽管因为昆明机场航班延误和校长身体不适耽误了几个小时，但代表团最终还是在下午 4 点左右及时到达，参加了揭牌仪式。出席这次揭牌仪式的还有泰国驻南宁总领事馆的领事 Kartoon Lirdluckanawong、其他大学和私营机构的部分代表，以及一些中泰学生等。此外，我们必须感谢许多广西大学的朋友，正是他们的帮助使广西大学泰国语言文化中心充满了生机与活力。郭宇路便是其中之一，他当时是广西大学国际交流处副处长、国际教育学院副院长，也是我私交很好的朋友。当我在南宁准备揭牌仪式期间，他给我和我的职员提供了巨大帮助，为中心购买所需设备和必备办公用品，我们共进午餐和晚餐，探讨中心的未来。无论何时，只要来自清迈大学的代表团访问广西大学，郭宇路先生和他的同事都会提供帮助，使访问尽可能地顺利进行。世间往往存在很多机缘巧合，在我撰写这篇文章的时候，郭宇路先生正担任中国驻清迈总领事馆的领事，那里是我的故乡，也是清迈大学所在地。我希望清迈大学能充分利用他在我们主校区附近的便利，来强化和增进清迈大学和广西大学的关系。如果成都大学泰国语言文化中心的经验能够在广西大学得到复制并完善，那将为两所大学的进一步合作添砖加瓦，这也是中心存在的意义。

同昆明的泰国语言文化中心一样，文静女士负责管理协调的广西大学泰国语言文化中心，无论何时组织文化活动，大家都踊跃参加，例如泼水节和水灯节，不仅广西大学学生、教授和职员参加，老挝、越南、缅甸和印度尼西亚等国驻南宁总领事馆的高级官员也被邀请参加，这使他们在中国便可感受到兼有东盟和中国社会文化的活动氛围。由于南宁和昆明被作为中国对东盟开放的关键门户，如果能得到合理的管理和充分的支持，广西大学和云南大学的泰国语言文化中心就能服务于一个重要目的——不仅在泰国和中国之间，同时也在建有此中心的东盟成员国的城市之间建立更好的关系。

术业专攻，朋至远方，日交越笃

为了与中国南部高等教育机构建立战略合作关系，清迈大学于 2010 年初开始探索学术、专业走现代化和谦逊学习的道路，至 2012 年 7 月建立起了值得珍惜和维护的"术业专攻，朋至远方，日交越笃"的三角关系。从云南的云南师范大学到四川的成都大学，然后延伸到宁夏回族自治区银川市，再回到广西壮族自治区的广西大学，三所大学构成了地域上的三角关系。清迈大学和以上三所大学为此倾注了大量心血，充分利用各种资源，才让三角关系稳固地建立起来。这一切都源于几所大学的共同努力。与此同时，清迈大学也期待能让泰国学生在

2010年，清迈大学举办中国文化交流活动，来自成都大学外国语学院、正在清迈府中小学进行汉语教学实习的四川省第一批泰语专业学生应邀表演四川民族舞蹈《俏花旦》。图为阿诺普·蓬瓦特（中）与学生们合影。

清迈大学主校区学习中文及中国文化。在云南大学成立第一个泰国语言文化中心之时，清迈大学的孔子学院已成立五年多，该孔子学院不仅面向清迈大学的学生和工作人员传播中华文化，也为整个泰国北部的高中提供了同等机会。孔子学院还定期为公众举办精彩的中国文化活动，因此，云南师范大学和广西大学的泰国语言文化中心与孔子学院并不冲突，我个人把它们看作未来成就更大发展道路上的一小步。给我印象最深刻的是清迈大学和成都大学恰到好处的合作，它得到成都市乃至四川省的认可，被当作高等教育机构之间可持续和具体的教育文化交流与合作的典范。在此，我要特别感谢成都大学的关国兴先生。他是泰国华裔，工作生活于泰中两个国家，对泰中文化及传统怀有深厚的见解和由衷的赞赏，并诚挚地希望两个国家紧密相连。他为成都大学泰国语言文化中心成为典范而孜孜不倦地工作，并自愿全程协助云南师范大学和广西大学的泰国语言文化中心。在我从清迈大学正式离职的前一周，即2014年

9月25日，关国兴先生还在广西大学南宁校区会见、培训云南师范大学的协调员郑昊先生和广西大学的协调员文静女士，以及来自清迈大学国际学院的代理院长及行政工作人员等。此外，2013年6月，四川省泰国研究中心在成都大学成立，是对成都大学学者及相关人员，特别是外国语学院工作人员不懈努力的最好肯定。我坚信，我们可以让这种三角关系变得更加美好。在迄今已取得成绩的基础上，我坚信我们能为"术业专攻，朋至远方，日交越笃"三角关系的巩固和发展作出进一步贡献。

东盟共同体包括三大支柱：政治安全共同体、经济共同体、社会文化共同体。我认为，该组织应该邀请中国加入。有关东盟支柱的论述通常集中于经济、政治和安全，在我看来，这没错，但也不全对。我认为，只有社会文化共同体发展了，政治安全共同体和经济共同体才可能持续发展。以上介绍的一小段时间内有关泰中两国的简略平凡的故事代表着一股教育、社会和文化的力量，相信这股力量有助于形成牢固可持续发展的社会文化共同体，进而形成牢固可持续的东盟共同体，最后在东盟、泰国和中国三者间形成牢固可持续发展的关系。

我可能无法说出在昆明、成都、银川和南宁认识的所有同事朋友的名字，但我会将大家铭记于心，因为你们、我和许多清迈大学的朋友一起做了很多有价值、有意义、有收获且值得学习的事。尽管这些小事平凡不起眼，但积水成渊，所有的努力与付出定能为子孙后代的发展铺平道路，为他们构建更加宏远、更有价值、更有意义的未来。

四川——中国中西部
陆上丝绸之路的战略要地

蔡百山

（泰中文化经济协会副会长兼秘书长）

　　尽管在泰中两国逾千年的交往历史中，泰国与四川省的往来不如与北京、上海和广东那么密切，但大部分泰国人对四川的熟知程度并不亚于北京、上海和广东。泰国游客很喜欢到四川旅游，对四川印象深刻，这是因为泰国举国上下都喜欢读《三国演义》。读了三国便知刘备、孔明，自然也认识了四川。四川是重要的后方基地和战略要地，刘邦便在此发展壮大，建立起统治中华大地长达 400 年的汉王朝。同样，三国时期的刘备也是在此发迹。

　　本人从事泰中关系方面工作已 30 余年，现在担任泰中文化经济协会秘书长。我们协会与中国国际友好联络会（简称"友联会"）是兄弟协会，两会一直致力于共同推动泰中两国政府、军队和民间的交流，我也有幸三访四川。早在十多年前，泰中文化经济协会便向泰王国政府提议在西安、成都、南宁、厦门、青岛增设领事馆，协助泰国政府完成了发展泰中关系的"ป"（泰文字母）字形战略区域规划。我有幸成为泰国驻西安、成都、厦门领事馆选址工作组的一员，还协助提名和挑选了泰国驻成都总领馆首任总领事。总领事尽职尽责，为泰国—四川关系的发展作出了应有的贡献。这也要感谢友联会四川分会的领导们一直给予我们真诚的帮助。每每想起四川，我都不曾忘记这些中国朋友们的功劳和贡献。最近一次到四川已是六年前，我从中国主流电视媒体上得知，现在的四川比我当年看到的更繁华了。基于 30 多年来对泰中关系的理解和情怀，我愿从一名泰国友好人士的角度讲述中共十八大后，在中国不断推进习近平主席提出的"一带一路"战略的形势下，四川省面临的重大机遇和将发挥的重要作用。

四川省拥有充足的人力资源、强大的经济实力和丰富的发展经验，是中国四个人口数接近 1 亿的省份之一，仅次于广东、山东和河南；更是中国西部大开发战略的核心地带，其崛起和机遇非常值得关注。我认为，无论从地缘、人口、交通还是信息网络等方面来看，四川省都是中国中西部地区丝绸之路的重要战略要地，足以形成覆盖中国大片区域和容纳众多人口的巨大网络，也能够通过缅甸—老挝—泰国便利地实现与东南亚各国的联通。目前，中国东部沿海地区和中部地区的发展程度之高令其他国家难以企及。中国共产党和中国政府高瞻远瞩，把发展区域扩展至全国各地，尤其是作为西部大开发战略的核心，四川省正在符合其新时期战略地位的基础上迅猛发展，其

2012 年 12 月 7 日，中国国务院侨办副主任马儒沛在北京会见以蔡百山（左）为团长的外国政府官员中文学习班泰国往届学员访华团一行。(供图：中新社）

成就必将震撼全中国，并将把这种和平发展、不断壮大的好势头传递到青海、新疆、西藏及西南地区。

泰国国王普密蓬·阿杜德陛下曾发表圣谕：国家要稳定，形成凝聚力，必须依靠发展。泰国也曾通过走发展的道路卓有成效地解决了冷战末期的国内矛盾，使国家在此后 30 年中得以回归安宁，进入和平与持续发展时期。而习近平主席提出的"一带一路"战略，就是坚定不移地走和平与发展道路的重要战略，符合时代需要，必定势不可挡。在西方势力把"矛盾与战争"之风刮向全球，不断在各地区制造矛盾、挑起战事，令全人类陷入前所未有的灾难之时，习近平主席提出的促进世界各国尤其是陆上和海上丝绸之路沿线国家的互联互通、交流合作及互惠互利的"一带一路"战略，成为象征和平与发展的"东风"吹向世界，有效遏制了西方的"矛盾与战争"之风，引领世界格局发生自二战结束以来一次颠覆性的变化。东风将盖过西风，和平与发展之风将压倒矛盾与战争之风，引领全人类真正迈向即将来临的永恒和平时期。

泰国虽小，人口也不多，但在东盟十国中，泰国是唯一一个与中国有逾千年邦交历史、而且没有历史遗留问题的国家。中泰关系的发展，就是一段友好交往、真诚相待的历史，可以归结出三个特点：血缘相亲，情同手足，肝胆相照。正是基于如此紧密的联系，泰国对"一带一路"战略的认识和理解绝不输给其他东盟国家。2014 年 5 月 22 日，巴育政府在全泰国人民的支持下成立。本届政府对华态度一向明朗，视泰中关系为中国—东盟关系的脊梁和支柱，将中国—东盟关系视为地区和平稳定和繁荣发展的重要保障。泰国是最早发声支持习近平主席提出的"一带一路"战略的国家，并于 2014 年底在北京举行的 APEC 峰会上宣布将加入中国发起创立的亚投行。本人也曾在五年前便先后受中联部和中国和平发展基金会的邀请，参加"和平与发展"及"丝绸之路"主题学术研讨会。近三年来，随着对当代丝绸之路概念的认识更加清晰，泰中文化经济协会也在曼谷举办了"丝绸之路"主题研讨会，协会领导多次受邀到中国或其他国家发表关于丝绸之路的演讲。泰国非常重视中国四川的发展。现任副总理颂奇博士曾担任过泰中文化经济协会会长，在与友联会云南分会介绍的中方企业交流后，他马上授意商务部长做好提升与中国四川、广东和山东三大省关系的工作，还特别强调要加强贸易、投资和旅游方面的往来。最近，商务部长本已做好组团访问四川的准备，但因急事推迟了行程。我真心希望这个进程能够继续向前推进，将来不断造福泰国和四川人民。

我坚信，在落实习主席提出的"一带一路"战略过程中，四川省将迎来重大机遇并发挥重要作用，同时也将肩负起促进和平与发展的光荣使命。作为泰国人，我迫切希望泰国与四川的关系更上新台阶，尽早实现互联互通。因为这将建立起中国中西部与东南亚，尤其是与泰、缅这两个东南亚西部大国的互联互通网络，让其成为创造和平与发展、为该地区人民带来福祉的另一重要战场。我期盼着以四川为中心的中国中西部开发战略取得成功，更期望中国与东南亚尤其是与泰、缅两国的联通早日实现。

我的泰语习得及运用之路

蒙翡琦

（广西民族大学东盟学院教师）

中国与泰国山水相依、文化相连，两国人民友好往来有着悠久的历史。在两国好友往来的历史长河里，我能接触泰国，感受泰国文化，结交泰国友人，真是感到既荣幸又开心。

喜爱泰国文化之缘起

2003 年 10 月 8 日，中国国务院总理温家宝在第七次中国与东盟（10+1）领导人会议上倡议，从 2004 年起每年在广西南宁举办中国—东盟博览会，同期举办中国—东盟商务与投资峰会。这一倡议得到了东盟 10 国领导人的普遍欢迎。至今，中国—东盟博览会已经在南宁成功举办了 13 届。

如此重大的国际性活动，需要许多掌握东南亚国家相关语言的人才参与。2005 年 10 月 19 日至 22 日，第二届中国—东盟博览会在南宁举办。作为来自广西民族大学的志愿者，初学泰语的我当时也投身志愿者服务的活动中，这对我是一次很好的学习机会。记得我被分配到泰国馆，负责为泰国客商做翻译。当时来参观泰国馆的观众比较多，馆内人山人海。卖皮具的参展商参差先生在展位前忙得不亦乐乎，他所销售的珍珠鱼皮和鳄鱼皮具比较有特色，不少观众都驻足观看，询问价格，了解商品信息。他努力地用有限的英语回答着大家的问题，还不停地比画着。他的助手是一名年轻的泰国女孩，也不会中文，在旁边焦急地看着参差先生接待客人们。当看到我们志愿者路过展位前时，他们就热情地打招呼，向我们寻求帮助。初次与泰国客商打交道，我感到他们十分有礼貌，而且讲话语气平和温柔。我和同学张昌回立即帮助他们做起了翻译，替他们接待来询问产品信息的客户。

由于我俩学习时间还不长，对泰语还不是很熟悉，因此只能用比较简单的语句来和他们交流。有时交流并不顺畅，但是他们很有耐心，猜对我们要表达的意思后还教我们用泰语怎么说。闲暇之余，参差先生的助手还会用泰英字典翻译后教我们一些他们产品相关的单词，激发了我们学习泰语、了解泰国文化的浓厚兴趣。参展结束后，他们还送给我们许多泰国礼物，让我们感到受宠若惊。这又增加了我们学好泰语的动力。

难忘的泰国留学生活

记得我第一次到泰国的时间是 2007 年 7 月 20 日。当时，我参加了广西民族大学与泰国商会大学的校际留学合作项目，到泰国进行两个月的泰语学习。商会大学是泰国的一所较为有名的私立学校，为泰国社会各界培养了大批人才。商会大学面积不大，但地处曼谷市中心，当时学生也有四五万人之多。泰国高校平常上课都是 9 点钟开始，一直到中午 12 点，午餐后 1 点钟又开始上课。

抵泰之初，我看到大街小巷不少泰国人顶着烈日，却穿着厚厚的外套。如此景象，令我百思不得其解。直到去上课的第一天，我才明白是怎么回事。泰国天气炎热，早上 8 点多钟气温就可以达到 30 多度。由于住在校外，我每次早上走到学校都是汗流浃背的。每次走进教室，就有一股沁人心脾的凉爽扑面而来，令人感到非常舒服。在校园内，学生要求着统一的校服，男生是白色衬衣、黑色裤子，女生则是白色衬衣、黑色裙子。可以说，学生们穿的衣服并不多。泰国的课堂时间与中国也不太一样，每节课是 1 个小时，而如果某个老师有三节课的话，他们也常常会连上 3 小时的课。这样，问题就来了。如果谁穿的衣服少了，进教室的头 40 分钟可以说是凉爽的，但 40 分钟之后就得受冻了。因为泰国人喜欢把空调调到最低的温度，通常都是 16 度。到这里，相信大家都找到答案了吧。此后，我们去上课都习惯性地带上一件外套，出门可以遮阳，室内可以防寒。

泰国老师对中国学生有一种亲人般的感情。给我们班上课的泰国老师有贡老师、盖老师、努老师等，他们都非常喜欢班上的学生，说我们非常勤奋刻苦。上课的第一天，贡老师就给班上同学挨个介绍了泰国学生作为学习伙伴，他们不仅帮助中国学生解决学习上遇到的问题，也帮助解决生活上的一些困难。记得当时贡老师喜欢在周末和节假日邀请学生和她的家人

蒙翡琦与陈镜波（中）
夫妇合影。

共餐，盖老师喜欢带学生出游，而努老师则喜欢在上课时带些泰国糕点给我们吃。几个老师各有特点，对待我们中国学生都像对待自己的小孩一样。同时，对于教学中学生遇到的问题，他们也是非常认真。如有一次我在报刊阅读理解课后对一些问题不太明白，贡老师就把我叫到办公室，又认真而耐心地给我讲了快一个小时，直到我完全弄懂。这让我颇为感动。此外，贡老师还经常借周末共餐之机了解我们的学习情况，并在交流中教会我们一些与社会生活比较贴切的泰语词汇及句子的用法。因此，我们都暗暗地下定决心要把泰语学好，以不辜负她对我们的期望。

亦师亦友的中泰情谊

2010年夏天，我再次踏上曼谷的热土，倍感亲切。当时，我脑海中不仅仅凝聚着对它的熟悉，更重要的是在这块土地上保留着那令人难忘的情怀。此次赴泰除了开展一些自己的课题调研工作外，就是去拜访久别的"老"朋友了。2008年来泰国时，我有幸认识了一位华裔陈镜波先生。陈先生是一个很热情的人，每次见到他，都是一副精神焕发的样子，让我无法相信他已有70多岁了。时隔两年，我们再次见面，我内心中的喜悦难以用语言来表达。

我与陈镜波先生的相识，还得从两年前说起。那是2008年，我与朋友去曼谷的电器商场买照相机，当我们正在用中文讨论相机的性能和价格时，旁边一位戴着金丝边眼镜、精神矍铄的老先生探头过来，用非常地道的中文热情地问道："你们是中国来的吧？"我们当时愣了一下，心想，幸亏没说相机的坏话呢。接着就答道："是的。""您也是吗？"我们顺口问道。

"也算是的，我原来在中国生活过很长一段时间呢，"他回答。于是，我们便打开话匣子，慢慢地聊了起来。经他介绍，我们才知道原来他祖籍在广东潮汕地区，他妈妈那一辈就到泰国来了。他曾经也在中国学习，还在新疆当过化学老师。他在大学认识的太太也和他一起在新疆教过书，之后才随他来到泰国经商。聊完之后，他问我们想去哪里玩，说可以开车带我们去，还主动留下联系方式给我们，说欢迎我们联系他。他的这番热情好客之举，让我们感觉特别温暖。

再次与陈先生见面并畅谈良久，我发觉他对当今中国社会的变化有着浓厚的兴趣。陈先生曾多次到北京、新疆、上海、杭州等地旅游，其目的也是要目睹改革开放后中国翻天覆地的发展变化。尽管去了多次，但他表示以后有机会还会再来中国观光旅游。陈先生回忆说，当年他在中国教书时，中国的经济还相当落后，各方面物资极其匮乏，以至于当时一件皮衣或是一块欧米茄手表都属于奢侈品。而今，沉睡了许久的东方"雄狮"已经觉醒了，并在日益壮大，2008 年成功地举办了奥运会，2010 年又成功地举办了上海世博会。他说，他也去上海参观了世博会，看到世博会引起广大国内外友人的浓厚兴趣，每天就有几十万人前往参观，而且连续不断，这使他身临其境地感到中国已今非昔比，让他作为一个华人也感到自豪。

与陈先生谈论和中国相关的话题时，我从他滔滔不绝的言谈中充分感受到了他内心中那份对中国真挚的热忱。陈先生说，他要感谢中国，感谢中国共产党。当我问及他原因时，开始他戏谑地说中国赐给了他太太，他们是名副其实的"中泰一家亲"。之后，他便告诉我说，感谢中国和中共是由于当时他在中国读书，受了党的教育，养成了吃苦耐劳和勤俭节约的作风，并且更重要的是学会了应用唯物论、无神论等思想理论，这对他在泰国创业和管理工厂起到了很大的帮助作用。我问他是怎么运用的，他就用一个实例来说明：泰国是一个佛教国家，很多人都信仰佛教，他的工厂里面的工人自然也不例外。泰国的建筑有一个特点，那就是无论建筑多大多小，都会有一个土地庙，行人走过它都会双手合十拜之。而且，人们对土地神灵深信不疑。寓所里的土地庙，住户拜之，可求安康；工厂里的土地庙，工厂人员拜之，则祈求生意兴隆。有一段时间，工厂连续失窃，由于有几十号员工，所以相对比较难查出嫌疑人，就算怀疑是谁，拿不出证据也没有办法。陈先生是个无神论者，正因为如此，他就召集大家一一到土地庙前发誓自己没有偷东西。不出他所料，果然就有人不敢去，并直接坦白了所做之事。从这一小小的事件我们就可以看出，陈先生合理地运用一些在中国学习的理论知识，对于他管理自己的工厂有着很大的帮助。

对于到泰国学习的中国留学生，陈先生也热心地提出了一些建议。他说他曾经在一些场合听到或看到一些令人哭笑不得的翻译。比如泰国人不太喜欢自己的名字被别人叫错，因为语言嘛，发音一旦有些变化，意思也就相差甚远了，有时甚至会闹笑话。他举了一个很有意思的例子：泰语中橘子念作 sǒm，泰国人很多都叫这个名字，而如果不注意，就会把整个音发成 sǒng，前者尾音是闭唇音，后者尾音是后鼻音。虽然只有这细微的差别，但前者意思是橘子，而后者的意思则是妓院，大相径庭。除此之外，由于陈先生也会中文，他就能发现一些从泰文翻译成中文的名字的错误，如：有个泰国人的名字音译成中文应该叫作"正龙"，但他看到有用"蒸笼"来译的，而蒸笼是我们用来蒸东西的用具，用来当人名实属不妥。由此可见，在运用泰语时如不多加注意，很容易就会闹笑话，甚至会令别人不高兴。

身为泰国人，尽管陈先生和他太太已在泰国多年，但是他们夫妇那浓浓的中国情怀一直都没有改变，反而随着岁月的流逝而越发深厚。这让我对他们非常敬重。

我的泰语应用之路

广西民族大学泰语专业开设于 1964 年，至今已有 50 年的历史，先后招收了 26 届本专科生、12 届硕士研究生，为国家培养了千余名泰语人才。多年来，泰语专业以培养能适应社会主义经济建设及科学发展，具有扎实的泰国语言文化基础和比较广泛的科学文化知识，能在外事、经贸、文化、教育、科研、旅游等部门从事翻译、研究、教学、管理工作的泰语高级专门人才为目标。

2004 年，我顺利考入广西民族大学外国语学院开始本科学习。2008 年，我又有幸考取广西民族大学外国语学院亚非语言文学泰语方向硕士研究生，师从范宏贵教授，主要从事泰国民族和文化研究，从此开启了从事泰国研究的大门。从事泰国研究，对于学习泰语多年的我，可以说有很大的优势。范宏贵教授在给我们上第一堂课的时候，讲的是研究方法论，其中强调了应用对象国语言开展社会调研的重要性。当时刚考上研究生的我虽然将这句话也放在心上，但并没有引起足够的重视。我自以为泰语水平还可以，但一次泰语翻译的失利让我认识到了自己的不足。2008 年 10 月，泰国乌隆府大法官马泰臣先生在我们广西民族大学外国语学院设立了助学基金。在马泰臣先生来校参加基金会成立仪式活动期间，作为生活陪同翻译，我几乎没有在泰语运用上遇到什么困难。待到基金会成立

仪式时，学院领导又安排我做大会的翻译，我当即答应下来。但仔细一想，我不了解会上要说的内容，而且之前没有做大会翻译的经验，只能赶鸭子上架了。后果是可想而知的。我愣是一句没有译出来，脑子一片空白，感觉自己听得懂发言者所说的每一句话的意思，但就是无法马上转换成另一种语言。幸亏我当时的泰语老师出来救场，活动才得以继续下去。经过此次实践，我仔细分析了自己的不足，主要是平时缺乏正规翻译训练，经验不足，基础不够牢靠固，且缺乏心理素质培养。总结经验之后，我便不断加强泰语翻译练习和心理素质训练，使自己的泰语运用水平不断得到提升。每次做完会议翻译，我都要作总结，争取下次做得更加完美。在此，我要感谢我的恩师范宏贵教授给我提供了许多泰语笔译及口译的机会，不仅让我在泰语的运用上进步迅速，也让我在泰国民族文化研究等领域不

2013年9月，泰国时任总理英拉访问广西，出席第十届中国—东盟博览会暨中国—东盟商务与投资峰会。蒙翡琦（前排右2）参与接待。

断提升。在泰语翻译方面，我多次受邀参加泰国领导人来邕的接待活动，如泰国副总理塔那萨、前商务部长吉迪拉、前总理英拉、前副总理功·塔帕朗西等。

在科研学术方面，我多次受邀到泰国参加国际学术研讨会，并在大会上发言，相关观点也得到了泰国学术界的认可。如2012年赴孔敬府泰中文化交流中心参加壮泰族群文化研讨会；2014年8月应泰国国家研究院的邀请赴泰国参加第三届泰中战略合作研讨会并进行大会主题发言；2015年5月受邀赴泰国黎逸府皇家大学参加壮泰族群文化比较研究研讨会等。所参加的相关活动，都使我受益匪浅，不管是在泰语语言的运用上还是对泰国的研究方面，不仅让我得到了宝贵的经验，也给我增添了极大的动力，使我在泰语学习及运用之路上不断前行，永无止境。

友谊带来伟大合作

——泰国乌汶与中国成都的故事

宋差·蓬阔帕那盖

（泰国乌汶府商会会长）

乌汶府和成都市于 2004 年正式建立友城关系。当时，由于部分泰国华裔商人与广州、成都商人合资做生意，他们将情况上报时任乌汶府府尹吉拉撒·咖萨尼亚卜先生，建议双方建立友好城市关系。府尹先生于是邀请成都市市长、相关领导以及在成都乃至全国享有盛名的川剧团一同参加乌汶府举办的万佛节庆典和由乌汶府商务办事处主办的成都商品展销会。成都川剧团的表演，让乌汶府人民得以首次观赏这种传统戏剧，且整场报以赞叹声。上述两项活动的举办给乌汶府人民留下了深刻印象，双方在友城的基础上建立起了民间友谊。

自 2004 年乌汶府与成都市建立友城关系以来，两地政府高层、民间、各高校间的交往日益深入，产生了很多重要的成果。

教育及文化交流合作

乌汶府与成都市在教育及文化交流方面的合作始于 2006 年启动的高等教育合作，即乌汶皇家大学与成都大学间建立的双方管理层互访机智，后来逐步扩大到学院（系部）间的教育交流与合作。从 2006 年至今，乌汶皇家大学每届中文专业都选送 10 名学生到成都大学进行一个学期的学习，以增强学生的语言及文化知识。同时，成都大学每年也选送 10 名对外汉语专业的学生到乌汶皇家大学进行中文教学实践及中国文化交流培训。再后来，双方通过协商，将合作扩大到基础教育领域。

互派交换生项目使泰中两国学生有机会了解对方国家的语言文化和人们的生活方式。此外，乌汶皇家大学的学生还能将泰国各个节庆绚丽的文化艺术和国家印象展示在中国朋友的面前，甚至还有机会参与乌汶府与泰国驻成都总领事馆共同举办的泰中商品展销会，充当翻译以锻炼自己的汉语言运用能力。这些活动是双方城市间合作和新一代青年建立友好、互助关系的具体体现。长期以来，双方高校管理层及教师代表就已建立良好的关系，在专业学科方面不断地加强合作与交流，包括互访、举办专业学科会议等。上述合作与交往成果的取得使成都市政府认识到向成都大学或周边大学提供短期留学生奖学金的重要性。在成都方面提供的留学生奖学金的吸引下，乌汶皇家大学的留学生报名非常踊跃，从 2013 年至今，有超过 30 人获得奖学金。

我对乌汶和成都深化双方关系及文化艺术交流的合作印象深刻。2011 年，我有幸作为乌汶府商会代表，随时任乌汶府

国际友城使节喜获成都"国际友城使者"证书。（供图：中新社）

府尹素蓬·撒奔先生为团长的代表团赴成都出席"2011 成都国际友城周"活动。我十分佩服中国人严明的纪律和严格守时的态度，比如：到规定的时间便准时开会；安排重要人物位次的方式也有严格的规定；会议流程紧凑，对需上台发言或发表演讲者规定发言或演讲时间。从以上种种安排，可以看出中国人思维之严谨。此外，我对这次活动之一的"国际友城使者"颁证仪式尤其印象深刻。主办方将各友好城市代表团带到大熊猫繁育研究基地，分别与23只大熊猫现场"配对"，并领取"国际友城使者"证书。此举意在通过大熊猫使者进一步拉近各友城与成都的亲密关系。每位友城代表团团长都收到了由中方命名的礼物——手绘大熊猫，乌汶府代表团收到一只名叫"宝宝"（寓意珍宝）的雌性大熊猫的手绘画像。在我看来，成都市政府非常重视与国际友城之间的友好关系，为让各友城代表留下深刻印象，主办方在细节上非常用心。

贸易与投资合作

乌汶府与成都市持续不断地进行贸易与投资合作。过去一段时间，四川省政府和成都市政府为乌汶府的投资者们及相关项目负责人创造了机会，尤其是乌汶香米产业负责人经常参加泰国商品展销会；在成都攻读本科、研究生和博士的乌汶府青年在乌汶与成都及中国各省的贸易谈判中作为双语翻译发挥了重要作用。此外，来自乌汶府的留学生与泰国商人一道，将广受中国市场好评的小件商品源源不断地带到商品展销会上，为乌汶府的新生代商人及投资者与成都商人及投资者做贸易带来了足够的施展空间。

四川省政府认识到促进农业创新与现代化的重要性，并与

乌汶府及泰北各府一道应对农业旅游需求。应中国驻孔敬总领馆和四川省政府的共同邀请，乌汶府政府高层及民间代表参加了 2015 年 11 月 19 日至 23 日在成都举行的农业博览会（第三届四川农业博览会暨成都国际都市现代农业博览会）。府尹宋撒·章达古先生委任副府尹披素·卜撒亚奔蓬先生率乌汶府代表团以及泰国东北各府代表团前往。在 11 月 19 日的农博会开幕式上，四川省领导在致词中指出，四川省将扩大与海内外的农业合作，以推动农业投资。如今，四川省的农业贸易与投资合作伙伴达 200 多个国家和地区，农业贸易商们一致认为，应该共同发展农业技术与贸易，使其与农产品消费及其全球性变化相适应。

作为乌汶府商会会长，我考虑并看到鼓励政府高层、民间保持和发展与成都市及中国其他省市在贸易投资方面的合作方式多样化的重要性。希望乌汶府的贸易从业者能在发展与扩大上述合作中发挥作用，更加积极地参与中国的"一带一路"建设。

汇聚中泰青春力量，共享中国发展机遇

——记"泰国华裔杰出青年四川行"活动

朱 逊

（四川省人民政府外事侨务办公室国外侨务处主任科员）

青年是国家未来发展的生力军与中坚力量，也是促进中外友好的希望所在，海内外华裔杰出青年有着共同的诉求与期待。2016 年 6 月 21 日至 28 日，由国务院侨办主办、四川省外事侨务办承办的"泰国华裔杰出青年四川行"活动在成都举行。此活动邀请了 50 位在泰国事业有成、潜力突出的华裔杰出青年参会，活动主题鲜明，内容丰富，亮点突出。

6 月 24 日首次举行的"中泰杰出青年论坛"，以"汇聚中泰青春力量，共享中国发展机遇"为主题，包括泰国华裔杰出青年、在川投资侨商、科技创新企业负责人、优秀海归青年创业代表以及大学学者在内的近 200 名中泰杰出青年齐聚一堂，围绕中国发展对中泰青年事业发展与合作带来的机遇、中华文化传承与发展、青年组织建设经验等议题展开讨论，进一步密切了中泰两国青年之间的联系交流。

6 月 25 日至 27 日，泰国华裔杰出青年代表团赴甘孜州稻城县考察了桑堆乡藏族民居、奔波寺、尊圣塔林、万亩青杨林等藏区民生工程、宗教文化保护和生态建设的示范点，参加了甘孜州投资合作推介会，参观了亚丁非遗主题社区、冲古寺、洛绒牛场等建设项目和旅游资源。泰国华裔杰出青年们深切感受到藏族文化的独特魅力与藏区蓬勃发展的经济社会新貌。大

家一致认为，四川藏区景色绝美、康巴风情魅力独特，愿组织更多泰国团队来四川旅游观光。

此活动旨在增强海外侨社发展后劲与活力，参加活动的泰国华裔杰出青年大多受过良好教育，拥有国际视野，有的已经是知名企业高管和家族企业接班人，从事的行业包括：农业、进出口贸易、金融证券、旅游、化工、建筑和房地产开发、教育等。活动期间，通过举办题为"中国全面创新改革战略及试验区发展情况""'一带一路'与中国周边外交政策""中国历史与传统文化""大数据创新实践""海外华侨华人现状与中国政府的侨务工作""中泰文化交流合作现状与展望"的6场专题讲座，播放《侨务工作巡礼》视频，举行以"汇聚中泰青春力量，共享中国发展机遇"为主题的"中泰杰出青年论坛"，组织泰国华裔杰出青年团赴成都正大集团、郫县菁蓉创客小镇开展现场教学，赴中国大熊猫保护研究中心都江堰基地和甘孜州稻城县参观考察等多种形式，紧紧围绕国家发展战略和侨务工作，以四川为样本全方位展现了中国经济社会发展成就，增进了泰国青年侨商、侨领对祖籍国的感情，以及对中国国情、四川省情的了解。

本次活动取得的成效主要有：

（一）宣传了国家发展战略与四川发展机遇。此次活动宣介了中国全面创新改革战略及试验区、"一带一路"建设、"大众创业，万众创新"等发展战略，以及四川在此背景下的发展机遇和巨大潜力。泰国华裔杰出青年团对四川经济社会发展取得的巨大成就印象深刻，纷纷表示四川资源丰富、文化深厚、商机无限。泰华进出口商会青年股主任刘秀文表示，四川的高科技优势、劳动力资源和巨大市场与泰国华商大企业在资金和管理经验等方面的优势互补性强，泰国正大集团在川项目的成功就是最好证明，川泰拓展经贸合作空间大、前景广。清迈大

泰国华裔杰出青年代表在中国大熊猫保护研究中心都江堰基地。

兴旅游有限公司总经理李人俊和腾达旅游集团常务董事林奋腾表示，四川旅游资源丰富，返回泰国后将推动川泰在旅游业方面开展深度合作，设计从曼谷至四川（甘孜）的旅游产品与精品线路，在泰国市场进行广泛宣传与推广。

（二）推动了中泰人文交流与青年交流。此次活动的亮点之一，是首次举办以"汇聚中泰青春力量，共享中国发展机遇"为主题的"中泰杰出青年论坛"，为中泰两国青年之间的沟通搭建了平台。国务院侨办副主任谭天星出席论坛并在致辞中表示，中泰两国青年相聚一起，交流思想、增进友谊、凝聚共识、共谋发展，极具意义。他希望与会青年能做"中泰世代友好的使者""推进泰华繁荣的生力军""讲好中国故事的金话筒"。四川省副省长朱鹤新在致辞中表示，中泰两国人民的友谊源远流长，川泰关系不仅基础牢固、内涵丰富，而且潜力巨大、前景广阔，四川将以更加积极的姿态加强与包括泰国在内的世界各国的交流合作，共享发展机遇，共创美好未来。

（三）拓展了周边国家侨务工作与公共外交资源。泰国华裔参政人士和精英人士众多，在当地根基深厚、人脉广博。活动以专题讲座的形式向泰国华裔杰出青年们介绍了海外华侨华人现状和特点、侨务机构和政策等内容，成都大学教师就中泰文化交流合作现状与展望进行了生动的讲解，增强了泰国华裔新生代对中国侨务工作的理解与认识和对祖籍国民族与文化的认同感。

后　记

自 1975 年 7 月 1 日中泰正式建立外交关系以来，两国关系就一直保持健康、稳定的发展。中国与泰国地缘相近、血缘相亲、文化相通，泰国为促进中国—东盟关系发展作出了积极的贡献。

四川省泰国研究中心承担组稿工作的《中国和泰国的故事》（中、泰文版），是外交笔会和五洲传播出版社联合策划出版的"我们和你们"丛书之一。该丛书的宗旨在于配合中国周边外交和"一带一路"建设。

四川省泰国研究中心成立于 2013 年，是四川省国别与区域重点研究基地。四川是中国西部地区的资源、人口、经济和文化大省，处于陆上丝绸之路和海上丝绸之路的交汇点，比邻东南亚国家。中泰两国的合作需求为中心的发展提供了良好的生态，四川（成都）与泰国的友好合作为中心的发展带来了机遇。

《中国和泰国的故事》一书的定位是"讲述中泰友好故事，传播中泰人民友谊"，这与四川省泰国研究中心"行走在中泰友好交流的路上，搭建中泰友好桥梁"的定位不谋而合。所以，在愉快地接受了组稿任务之后，我们组织了编写团队，对此书的中泰两个文版真心交流、精心打造、用心选择。

为本书供稿的作者中，既有中泰两国的外交、政商界人士，也有来自中泰国际交流协会在国家、省（府）、市层面的一线人员，有来自各大中泰研究机构、大学的学者和教师，更有来自中泰各高校、代表着中泰美好未来的留学生代表。这些作者以所闻、所见后的切身感受为叙事内容，以我们和你们这些平凡的人的角度向中泰读者展现出一幅幅中泰友好交流的真实场景。

正如泰学北斗、云南大学泰国研究中心首席专家段立生教授在序言中所指出的：四川省泰国研究中心与五洲传播出版社合作出版《中国和泰国的故事》，是一个创举。它把研究者、作者和出版者有机地联系在一起，通过讲述"我们和你们"的故事，来展示中国与周边国家在漫长历史进程中的传统友谊，以及当代人民为增进传统友谊而添砖加瓦的生动故事。

我非常荣幸承担了本书的主编，从一个个温暖的故事中感受到中泰友谊的源远流长与深厚淳朴，也更加领悟到中心投入中泰友好交流工作的伟大使命。在未来的日子里，四川省泰国研究中心将进一步融入促进中泰人民"民心相通"的出版撰写、译介与书评工作当中。

本书特别鸣谢泰国国王陛下顾问、枢密院大臣 Kasem Watanachai（卡盛·瓦塔纳差）教授和泰王国驻成都总领事 Phantipha Iamsudha Ekarohit（潘媞蓓）女士的大力支持；感谢外交笔会和五洲传播出版社的信任和支持；感谢我的同事付静博士和各位作者的无私奉献；感谢五洲传播出版社总编辑慈爱民先生、副社长荆孝敏女士和图书出版中心主任郑磊先生在前期合作洽谈中的积极促进，以及编辑人员的认真负责。非常感谢帮助我们在泰国组稿，并对泰国作者的稿件进行逐一翻译校对的成都大学外语学院泰国专家、清迈大学语言文化中心主任 Chaphiporn Kiatkachatharn（关国兴）先生和泰国皇家理工大学的 Paipan Thanalerdsopit 博士。感谢成都大学外国语学院泰语专业翻译团队张倩霞老师、Bupphawan Banruangthong（麦小洁）老师、Narisara Ruengsa（艾新珠）老师、Kornwipa Nachaisin（李娜）老师、唐敏莉老师等。

期待这本由中泰两国多位作者共同讲述的故事集能与中泰读者产生心灵上的共鸣。

李　萍

四川省泰国研究中心执行主任